AF348222

CODE

DE

JUSTICE MILITAIRE

POUR L'ARMÉE DE TERRE

LOI DU   JUIN 1857.

---◆---

ÉDITION DIAMANT.

---◆---

30 centimes.

PARIS

CHEZ A. LENEVEU, LIBRAIRE POUR L'ART MILITAIRE,

RUE DES GRANDS-AUGUSTINS, 18

Près du Pont-Neuf.

1857

ALBUM DE MANOEUVRES D'INFANTERIE, par M. le général comte Schramm, sénateur, président du Comité de l'arme. Un volume in-4°, 1856 (3° édition), avec 60 planches coloriées : 10 fr.

ALBUM DES ÉVOLUTIONS DE LIGNE pour une brigade de cavalerie, in-32, relié, prix 2 fr.

THÉORIE NOUVELLE pour faire manœuvrer et combattre les troupes de toutes armes, d'après les mêmes principes et aux mêmes commandements, par Bonneau Du Martray, chef d'escadron au corps impérial d'état-major, décoré des ordres de la Légion-d'Honneur, du Nichan Iftichar, de la Couronne de Chêne, de Saint-Georges de la Réunion, de Saint-Maurice et Saint-Lazare, de Notre-Dame de la Conception de Villa-Viciosa. Un beau volume in-8° jésus, avec 150 planches, 1857. Prix relié : 15 fr.

Sa Majesté l'Empereur a nommé la haute commission suivante pour l'examen de ce système, et il va être mis en essai dans les camps de manœuvres.

Son Exc. le maréchal Magnan, commandant en chef de l'armée de Paris, président. — Général de division, comte de Schramm, président du Comité de l'infanterie. Général de division Forey. Général de division De Failly. Général de division Grobon. Général de division Grand, président du Comité de la cavalerie. Général de division Korte. Général de division Thiry. Général Le Bœuf. Chef d'escadron au corps impérial d'état-major, Bonneau du Martray, secrétaire.

NOTICE DÉTAILLÉE sur la manière adoptée en Afrique pour établir les hommes et les chevaux de la cavalerie au bivac, par Lecomte, chef d'escadron. Avec trois planches ; — Prix : 1 fr. 25 c. Deuxième édition augmentée, 1855. Chaque régiment doit en être pourvu au compte de la masse générale.

IMPRIMERIE CENTRALE DE NAPOLÉON CHAIX ET Cᵉ, RUE BERGÈRE, 20.

LOI

SUR LE

CODE DE JUSTICE MILITAIRE

POUR L'ARMÉE DE TERRE

———

LIVRE PREMIER.

DE L'ORGANISATION DES TRIBUNAUX MILITAIRES

DISPOSITIONS PRÉLIMINAIRES.

Article premier. La justice militaire est rendue :
1° Par des conseils de guerre ;
2° Par des conseils de révision.

Des prévôtés sont établies aux armées dans les cas prévus par le présent Code.

TITRE PREMIER.

Des conseils de guerre et des conseils de révision permanents dans les divisions territoriales.

CHAPITRE PREMIER. — *Des conseils de guerre permanents dans les divisions territoriales*

Art. 2. Il y a un conseil de guerre permanent au chef-lieu de chaque division territoriale.

Si les besoins du service l'exigent, un deuxième conseil de guerre permanent peut être établi dans la division par un décret de l'Empereur, qui fixe le siége de ce conseil et en détermine le ressort.

Art. 3. Le conseil de guerre permanent **est composé d'un** colonel ou lieutenant-colonel, président, et de **six juges**, savoir :

Un chef de bataillon, ou chef d'escadron, ou major,
Deux capitaines,
Un lieutenant,
Un sous-lieutenant,
Un sous-officier.

Art. 4. Il y a près chaque conseil de guerre un **commissaire** impérial, un rapporteur et un greffier.

Il peut être nommé un ou plusieurs substituts du **commissaire** impérial et du rapporteur, et un ou plusieurs commis-greffiers.

Art. 5. Les commissaires impériaux et leurs substituts remplissent, près les conseils de guerre, les fonctions du **ministère** public.

Les rapporteurs et les substituts sont chargés de l'instruction.

Les greffiers et les commis-greffiers font les écritures.

Art. 6. Les présidents et les juges sont pris parmi les officiers et sous-officiers en activité dans la division; ils peuvent être remplacés tous les six mois, et même dans un délai moindre s'ils cessent d'être employés dans la division.

Art. 7. Les **commissaires** impériaux et les rapporteurs sont pris parmi les officiers supérieurs, les capitaines, les sous-intendants militaires ou adjoints, soit en activité, soit en retraite.

Les substituts sont pris parmi les officiers en activité dans la division.

Art. 8. Le président et les juges des conseils de guerre sont nommés par le général commandant la division.

La nomination est faite par le ministre de la guerre, s'il s'agit du jugement d'un colonel, d'un officier général ou d'un maréchal de France.

Art. 9. Les commissaires impériaux et les rapporteurs sont nommés par le Ministre de la guerre.

Lorsqu'ils sont choisis parmi les officiers en activité, ils sont nommés sur une liste de présentation dressée par le général commandant la division où siége le conseil de guerre.

Les substituts sont nommés par le général commandant la division.

Un règlement d'administration publique détermine les conditions et les formes de la nomination des greffiers et des commis-greffiers.

Art. 10. La composition des conseils de guerre, déterminée par l'art. 3 du présent Code, est maintenue ou modifiée suivant le grade de l'accusé, conformément au tableau ci-après :

GRADE DE L'ACCUSÉ.	GRADE DU PRÉSIDENT.	GRADES DES JUGES.
Sous-officier, caporal ou brigadier, soldat..........	Colonel ou lieutenant-colonel.....	1 chef de bataillon, ou chef d'escadron, ou major. 2 capitaines. 1 lieutenant. 1 sous-lieutenant. 1 sous-officier.
Sous-lieutenant.....	Colonel ou lieutenant-colonel......	1 chef de bataillon, ou chef d'escadron, ou major. 2 capitaines. 1 lieutenant 2 sous-lieutenants.
Lieutenant..........	Colonel ou lieutenant-colonel.,.....	1 chef de bataillon, ou chef d'escadron, ou major. 3 capitaines. 2 lieutenants.
Capitaine...........	Colonel............	1 lieutenant-colonel. 3 chefs de bataillon, ou chefs d'escadron, ou majors. 2 capitaines.
Chef de bataillon, chef d'escadron, major............	Général de brigade.	2 colonels. 2 lieutenants-colonels. 2 chefs de bataillon, ou chefs d'escadron, ou majors.
Lieutenant-colonel..	Général de brigade.	4 colonels. 2 lieutenants-colonels.
Colonel............	Général de division.	4 généraux de brigade. 2 colonels.
Général de brigade.	Maréchal de France.	4 généraux de division. 2 généraux de brigade.
Général de division.	Maréchal de France.	2 maréchaux de France. 4 généraux de division.
Maréchal de France.	Maréchal de France.	3 maréchaux de France ou amiraux. 3 généraux de division.

En cas d'insuffisance dans la division d'officiers ayant le grade exigé pour la composition du conseil de guerre, le général commandant la division appelle à siéger au conseil de guerre des officiers d'un grade égal à celui de l'accusé ou d'un grade immédiatement inférieur.

Art. 11. Pour juger un général de division ou un maréchal de France, les maréchaux de France sont appelés suivant l'ordre de l'ancienneté à siéger dans le conseil de guerre, à moins d'empêchement admis par le Ministre de la guerre.

Le président du conseil est choisi parmi ceux qui ont été désignés en vertu du paragraphe précédent.

Art. 12. En ce qui concerne spécialement la composition du conseil de guerre appelé à juger un maréchal de France, à défaut d'un nombre sufffsant de maréchaux, des amiraux sont désignés. Les fonctions de commissaire impérial peuvent être remplies par un général de division, et celles de rapporteur sont exercées par un officier général.

Art. 13. Pour juger un membre du corps de l'intendance militaire, un médecin, un pharmacien, un officier d'administration, un vétérinaire, ou tout autre individu assimilé aux militaires, le conseil de guerre est composé, conformément à l'art. 10, suivant le grade auquel le rang de l'accusé correspond.

Art. 14. S'il y a plusieurs accusés de différents grades ou rangs, la composition du conseil de guerre est déterminée par le grade ou le rang le plus élevé.

Art. 15. Lorsqu'à raison du grade ou du rang de l'accusé, un ou plusieurs membres du conseil de guerre sont remplacés, les autres membres, les rapporteurs et les greffiers continuent de droit leurs fonctions, sauf le cas prévu par l'art. 12 ci-dessus.

Art. 16 Les fonctions de commissaire impérial sont remplies par un officier d'un grade ou d'un rang au moins égal à celui de l'accusé, sauf le cas prévu par l'art. 12.

Lorsqu'un commissaire impérial est spécialement nommé pour le jugement d'une affaire, il est assisté du commissaire ordinaire près le conseil de guerre, ou de l'un de ses substituts.

Art. 17. Les conseils de guerre appelés à juger des prison-niers de guerre sont composés, comme pour le jugement des militaires français, d'après les assimilations de grade.

Art. 18. Lorsque, dans les cas prévus par les lois, il y a lieu de traduire devant un conseil de guerre, soit comme auteur principal, soit comme complice, un individu qui n'est ni militaire, ni assimilé aux militaires, le conseil reste composé comme il est dit en l'art. 3, à moins que le grade ou le rang d'un coaccusé militaire n'exige une autre composition.

Art. 19. Le général commandant chaque division territoriale dresse, sur la présentation des chefs de corps, un tableau par grade et par ancienneté des officiers et sous-officiers de la division, qui peuvent être appelés à siéger comme juges dans le conseil de guerre.

Ce tableau est rectifié au fur et à mesure des mutations.

Une expédition en est déposée au greffe du conseil de guerre.

Les officiers et sous-officiers sont appelés successivement, et dans l'ordre de leur inscription, à siéger dans le conseil de guerre, à moins d'empêchement admis par une décision du général commandant la division.

Art. 20. En cas d'empêchement accidentel du président ou d'un juge, le général commandant la division le remplace provisoirement, selon les cas, par un officier du même grade, ou par un sous-officier dans l'ordre du tableau dressé en exécution de l'article précédent.

Dans le cas d'empêchement du commissaire impérial, du rapporteur et de leurs substituts, du greffier et du commis greffier, il est provisoirement pourvu au remplacement par le général commandant la division.

Art. 21. S'il ne se trouve pas, dans la division, des officiers généraux ou supérieurs en nombre suffisant pour compléter le conseil de guerre, le Ministre de la guerre y pourvoit, en appelant par rang d'ancienneté des officiers généraux ou supérieurs employés dans les divisions territoriales les plus voisines.

Art. 22. Nul ne peut faire partie d'un conseil de guerre, à un titre quelconque, s'il n'est Français ou naturalisé Français, et âgé de vingt-cinq ans accomplis.

Ar.t 23. Les parents et alliés, jusqu'au degré d'oncle et de neveu inclusivement, ne peuvent être membres d'un même conseil de guerre, ni remplir près ce conseil les fonctions de commissaire impérial, de rapporteur ou de greffier.

Art. 24. Nul ne peut siéger comme président ou juge, ni remplir les fonctions de rapporteur dans une affaire soumise au conseil de guerre :

1° S'il est parent ou allié de l'accusé jusqu'au degré de cousin issu de germain inclusivement;

2° S'il a porté la plainte, donné l'ordre d'informer ou déposé comme témoin;

3° Si, dans les cinq ans qui ont précédé la mise en jugement, il a été engagé, comme plaignant, partie civile ou prévenu, dans un procès criminel contre l'accusé;

4° S'il a précédemment connu de l'affaire comme administrateur ou comme membre d'un tribunal militaire.

Art. 25. Avant d'entrer en fonctions, les commissaires impériaux et les rapporteurs pris en dehors de l'activité prêtent, entre les mains du général commandant la division, le serment suivant :

« *Je jure obéissance à la Constitution et fidélité à l'Empereur.* »

CHPITRE II. — *Des conseils de révision permanents dans les divisions territoriales.*

Art. 26. Il est établi, pour les divisions territoriales, des conseils de révision permanents, dont le nombre, le siége et le ressort sont déterminés par décret de l'Empereur, inséré au *Bulletin des Lois.*

Art. 27. Les conseils de révision sont composés d'un président, général de brigade, et de quatre juges., savoir :

Deux colonels ou lieutenants-colonels ;

Deux chefs de bataillon, ou d'escadron, ou majors.

Il y a près de chaque conseil de révision un commissaire impérial et un greffier.

Les fonctions de commissaire impérial sont remplies par un officier supérieur ou un sous-intendant militaire.

Il peut être nommé un substitut du commissaire impérial et un commis greffier, si les besoins du service l'exigent.

Art. 28. Le président et les juges du conseil de révision sont pris parmi les officiers en activité dans la division où siége le conseil, et nommés par le général commandant la division. Ils peuvent être remplacés tous les six mois, et même dans un délai moindre, s'ils cessent d'être employés dans la division.

Un tableau est dressé pour les juges, conformément à l'article 10 du présent Code.

Les articles 20 et 21 sont également applicables aux conseils de révision.

Art. 29. Les commissaires impériaux sont pris parmi les officiers supérieurs ou parmi les sous-intendants militaires, en retraite; ils sont nommés par le Ministre de la guerre.

Les substituts sont pris parmi les officiers ou parmi les officiers de l'intendance militaire en activité de service; ils sont nommés par le général commandant la division.

Les conditions et les formes de la nomination des greffiers et commis greffiers sont déterminées par le règlement d'administration publique prévu par l'article 9 du présent Code.

Art. 30. Lorsque le conseil de guerre dont le jugement a été attaqué a été présidé par un général de division ou par un maréchal de France, le conseil de révision est également présidé par un général de division ou par un maréchal de France. Le général de brigade siége alors comme juge, et le chef de bataillon, ou le chef d'escadron, ou le major le moins ancien de grade, ou, à égalité d'ancienneté, le moins âgé, ne prend point part au jugement de l'affaire.

Art. 31. Nul ne peut faire partie d'un conseil de révision, s'il n'est Français ou naturalisé Français et âgé de trente ans accomplis.

Les articles 23 et 24 du présent Code sont applicables aux membres du conseil de révision.

Art. 32. Avant leur entrée en fonctions, les commissaires impériaux pris en dehors de l'activité prètent, entre les mains du général commandant la division, le serment prescrit par l'article 25 du présent Code.

TITRE II.

Des conseils de guerre et des conseils de révision aux armées, dans les communes, dans les départements et dans les places de guerre en état de siège.

CHAPITRE PREMIER. — *Des conseils de guerre aux armées.*

Art 33. Lorsque plusieurs divisions sont réunies en armée ou en corps d'armée, deux conseils de guerre sont établis dans chacune de ces divisions, ainsi qu'au quartier général de l'armée, et, s'il y a lieu, au quartier général du corps d'armée.

Si une division de l'armée active ou un détachement de troupes doit opérer isolément, deux conseils de guerre peuvent également être formés dans la division ou dans le détachement.

Ces conseils de guerre sont composés ainsi qu'il est dit aux articles 3, 4, 7, 10, 11, 12, 13, 15, 16 et 17 du présent Code.

Art. 34. Les membres des conseils de guerre ainsi que les greffiers sont pris parmi les officiers et sous-officiers employés dans l'armée, le corps d'armée, la division ou le détachement près desquels ces conseils sont établis.

Art 35. Les membres des conseils de guerre sont nommés et remplacés, savoir :

Dans la division, par le général commandant la division ;

Au quartier général de l'armée, par le général en chef ;

Au quartier général du corps d'armée, par le général commandant le corps d'armée ;

Dans le détachement de troupes, par le commandant de ce détachement.

S'il ne se trouve pas, soit dans la division, soit dans l'armée, soit dans le corps d'armée, soit dans le détachement où se forment les conseils de guerre, un nombre suffisant d'officiers du grade requis pour leur composition, les membres de ces conseils seront pris dans les grades inférieurs, sans que plus de trois juges puissent être d'un grade au-dessous de celui de l'accusé.

Si, nonobstant la disposition du paragraphe précédent, il y a dans les divisions, corps d'armée et détachements, insuffisance de militaires du grade requis pour composer les conseils de guerre qui y sont attachés, il y est pourvu par le général en chef au moyen d'officiers pris dans l'armée.

En cas d'impossibilité absolue, pour le général en chef, de composer le conseil de guerre du quartier général, il y est pourvu par le Ministre de la guerre, qui compose ce conseil

conformément aux dispositions de l'article 21 du présent Code,
ou renvoie l'officier inculpé devant l'un des conseils de guerre
permanents des divisions territoriales voisines.

Art. 36. Si un maréchal de France ou un général de division ayant commandé une armée ou un corps d'armée est mis
en jugement à raison d'un fait commis pendant la durée de
son commandement, aucun officier ayant été sous ses ordres
dans l'armée ou le corps d'armée ne peut faire partie du conseil
de guerre.

Art. 37. Les articles 5, 15, 22, 23 et 24 du présent Code
sont applicables aux conseils de guerre siégeant aux armées.

Chapitre II. — *Des conseils de révision aux armées.*

Art. 38. Il est établi un conseil de révision au quartier général de l'armée.

Le général en chef de l'armée ou le général commandant un
corps d'armée peut, en outre, selon les besoins du service, établir un conseil de révision pour une ou plusieurs divisions,
pour un ou plusieurs détachements.

Art. 39. Les membres des conseils de guerre sont pris parmi
les officiers employés dans les armées, corps d'armée, divisions
ou détachements près desquels ces conseils sont établis.

Ils sont nommés et remplacés par les commandants de ces
armées, corps d'armées ou détachements.

Art. 40. Les articles 23, 24, 27, 29, 30 et 31 du présent
Code sont applicables aux conseils de révision siégeant aux
armées.

Art. 41. S'il ne se trouve pas, soit au quartier général, soit
dans l'armée, soit dans le corps d'armée, soit dans la division,
soit dans le détachement où se forme le conseil de révision, un
nombre suffisant d'officiers du grade requis, le conseil est composé de trois juges, lesquels peuvent être pris, savoir :

Le président, parmi les colonels ou lieutenants-colonels;

Les deux juges, parmi les chefs de bataillon, les chefs d'escadron ou les majors.

Les fonctions de commissaire impérial peuvent être remplies
par un capitaine ou un adjoint de l'intendance militaire.

Dans tous les cas, le président du conseil de révision doit
être d'un grade au moins égal à celui de l'accusé.

Chapitre III. — *Dispositions communes aux deux chapitres
précédents.*

Art. 42. Lorsque des armées, corps d'armée ou divisions
actives sont formées dans les divisions territoriales, les conseils
permanents de guerre et de révision qui s'y trouvent déjà organisés connaissent de toutes les affaires de la compétence des
conseils de guerre et de révision aux armées, tant que des

conseils d'armée n'ont pas été créés conformément aux chapitres ı et ıı duprésent Titre.

CHAPITRE IV. — *Des conseils de guerre dans les communes, les départements et les places de guerre en état de siége.*

Art. 43. Lorsqu'une ou plusieurs communes, un ou plusieurs départements ont été déclarés en état de siége, les conseils de guerre permanents des divisions territoriales dont font partie ces communes ou ces départements, indépendamment de leurs attributions ordinaires, statuent sur les crimes et délits dont la connaissance leur est déférée par le présent Code et par les lois sur l'état de siége.

Le siége de ces conseils peut être transféré, par décret impérial, dans l'une de ces communes ou dans l'un de ces départements.

Art. 44. Il est établi deux conseils de guerre dans toute place de guerre en état de siége.

La formation de ces conseils est mise à l'ordre du jour de la place.

Leurs fonctions cessent dès que l'état de siége est levé, sauf en ce qui concerne le jugement des crimes et délits dont la poursuite leur a été déférée.

Art. 45. Les membres des conseils de guerre établis dans les places de guerre en état de siége sont nommés et remplacés par le gouverneur ou le commandant supérieur de la place, qui, à défaut de militaires en activité, peut les prendre parmi les officiers et les sous-officiers en non-activité, en congé ou en retraite. Dans ce cas, ils prêtent, entre les mains du commandant supérieur, le serment prescrit par l'article 25 du présent Code.

S'il ne se trouve pas dans la place un nombre suffisant d'officiers et de membres de l'intendance militaire des grades exigés pour la formation des conseils, il y est suppléé par des officiers et sous-officiers des grades inférieurs les plus rapprochés.

Art. 46. Les articles 3, 4, 5, 10, 11, 12, 13, 14, 15, 16, 17, 22, 23 et 24 du présent Code sont applicables aux conseils de guerre établis dans les places de guerre en état de siége.

CHAPITRE V. *Des conseils de révision dans les communes, les départements et les places de guerre en état de siége.*

Art. 47. Lorsqu'une ou plusieurs communes, un ou plusieurs départements ont été déclarés en état de siége, chaque conseil de révision permanent connaît des recours formés contre tous les jugements des conseils de guerre placés dans sa circonscription.

Le siége du conseil de révision peut être transféré, par décret impérial, dans l'une de ces communes ou dans l'un de ces départements.

Art. 48. Il est établi un conseil de révision dans toute place de guerre en état de siége.

Les membres de ce conseil sont nommés et remplacés par le gouverneur ou le commandant supérieur de la place. Ils sont pris dans les catégories indiquées dans l'article 45 du présent Code.

En cas d'insuffisance, le conseil est réduit à trois juges, conformément à l'article 41.

Art. 49. Les articles 27, 30, 31 et 32 du présent Code sont applicables aux conseils de révision siégeant dans les places de guerre en état de siége.

CHAPITRE VI. — *Disposition commune aux deux chapitres précédents.*

Art. 50. S'il existe déjà, dans la place de guerre en état de siége, des conseils de guerre ou de révision, l'organisation en est complétée, s'il y a lieu, conformément aux dispositions des deux chapitres précédents.

TITRE III.

Des prévôtés.

Art. 51. Lorsqu'une armée est sur le territoire étranger, les grands-prévôts et les prévôts, indépendamment des attributions de police qui leur sont déférées par les règlements militaires, exercent une juridiction dont les limites et les règles sont déterminées par le présent Code.

Art. 52. Le grand-prévôt exerce sa juridiction, soit par lui-même, soit par les prévôts, sur tout le territoire occupé par l'armée et sur les flancs et les derrières de l'armée.

Chaque prévôt exerce sa juridiction dans la division ou le détachement auxquels il appartient, ainsi que sur les flancs et les derrières de cette division ou de ce détachement.

Le grand-prévôt, ainsi que les prévôts, jugent seuls, assistés d'un greffier, qu'ils choissent parmi les sous-officiers et brigadiers de gendarmerie.

LIVRE II.

DE LA COMPÉTENCE DES TRIBUNAUX MILITAIRES.

DISPOSITIONS GÉNÉRALES.

Art. 53. Les tribunaux militaires ne statuent que sur l'action publique, sauf les cas prévus par l'article 75 du présent Code.

Ils peuvent néanmoins ordonner, au profit des propriétaires, la restitution des objets saisis ou des pièces de conviction, lorsqu'il n'y a pas lieu d'en prononcer la confiscation.

Art. 54. L'action civile ne peut être poursuivie que devant les tribunaux civils; l'exercice en est suspendu tant qu'il n'a pas été prononcé définitivement sur l'action publique intentée avant ou pendant la poursuite de l'action civile.

TITRE PREMIER.

Compétence des conseils de guerre.

CHAPITRE PREMIER. — *Compétence des conseils de guerre permanents dans les divisions territoriales en état de paix.*

Art. 55. Tout individu appartenant à l'armée en vertu, soit de la loi de recrutement, soit d'un brevet ou d'une commission, est justiciable des conseils de guerre permanents dans les divisions territoriales en état de paix, selon les distinctions établies dans les articles suivants.

Art. 56. Sont justiciables des conseils de guerre des divisions territoriales en état de paix, pour tous crimes et délits, sauf les exceptions portées au titre IV du présent livre :

1° Les officiers de tous grades, les sous-officiers, caporaux et brigadiers, les soldats, les musiciens et les enfants de troupe;

Les membres du corps de l'intendance militaire;

Les médecins, les pharmaciens, les vétérinaires militaires et les officiers d'administration;

Les individus assimilés aux militaires par les ordonnances ou décrets d'organisation;

Pendant qu'ils sont en activité de service ou portés présents sur les contrôles de l'armée ou détachés pour un service spécial;

2° Les militaires, les jeunes soldats, les remplaçants, les engagés volontaires et les individus assimilés aux militaires, placés dans les hôpitaux civils et militaires, ou voyageant sous la conduite de la force publique, ou détenus dans les établissements, prisons et pénitenciers militaires;

3° Les officiers de tous grades et les sous-officiers, caporaux et soldats inscrits sur les contrôles de l'hôtel impérial des Invalides;

4° Les jeunes soldats laissés dans leurs foyers, et les militaires envoyés en congés illimités, lorsqu'ils sont réunis pour les revues ou exercices prévus par l'article 30 de la loi du 21 mars 1832.

Les prisonniers de guerre sont aussi justiciables des conseils de guerre.

Art. 57. Sont également justiciables des conseils de guerre des divisions territoriales en état de paix, mais seulement pour les crimes et les délits prévus par le titre II du livre IV, les militaires de tous grades, les membres de l'intendance militaire, et tous individus assimilés aux militaires :

1° Lorsque, sans être employés, ils reçoivent un traitement et restent à la disposition du Gouvernement;

2° Lorsqu'ils sont en congé ou en permission.

Art. 58. Les jeunes soldats, les engagés volontaires et les remplaçants ne sont, depuis l'instant où ils ont reçu leur ordre de route jusqu'à celui de leur réunion en détachement ou de leur arrivée au corps, justiciables des mêmes conseils de guerre, que pour les faits d'insoumission, sauf les cas prévus par les numéros 2 et 4 de l'article 56 ci-dessus.

Art. 59. Les officiers de la gendarmerie, les sous-officiers et les gendarmes, ne sont pas justiciables des conseils de guerre pour les crimes et délits commis dans l'exercice de leurs fonctions relatives à la police judiciaire et à la constatation des contraventions en matière administrative.

Art. 60. Lorsqu'un justiciable des conseils de guerre est poursuivi en même temps pour un crime ou un délit de la compétence des conseils de guerre, et pour un autre crime ou délit de la compétence des tribunaux ordinaires, il est traduit d'abord devant le tribunal auquel appartient la connaissance du fait emportant la peine la plus grave, et renvoyé ensuite, s'il y a lieu, pour l'autre fait, devant le tribunal compétent.

En cas de double condamnation, la peine la plus forte est seule subie.

Si les deux crimes ou délits emportent la même peine, le prévenu est d'abord jugé pour le fait de la compétence des tribunaux militaires.

Art. 61. Le prévenu est traduit soit devant le conseil de guerre dans le ressort duquel le crime ou délit a été commis, soit devant celui dans le ressort duquel il a été arrêté, soit devant celui de la garnison de son corps ou de son détachement.

CHAPITRE II. — *Compétence des conseils de guerre aux armées et dans les divisions territoriales en état de guerre.*

Art. 62. Sont justiciables des conseils de guerre aux armées, pour tous crimes ou délits :

1° Les justiciables des conseils de guerre dans les divisions territoriales en état de paix ;

2° Les individus employés, à quelque titre que ce soit, dans les états-majors et dans les administrations et services qui dépendent de l'armée ;

3° Les vivandiers et vivandières, cantiniers et cantinières, les blanchisseurs, les marchands, les domestiques et autres individus à la suite de l'armée en vertu de permissions.

Art. 63. Sont justiciables des conseils de guerre, si l'armée est sur le territoire ennemi, tous individus prévenus soit comme auteurs, soit comme complices d'un des crimes ou délits prévus par le titre II du livre IV du présent Code.

Art. 64. Sont également justiciables des conseils de guerre, lorsque l'armée se trouve sur le territoire français, en présence de l'ennemi, pour les crimes et délits commis dans l'arrondissement de cette armée :

1° Les étrangers prévenus des crimes et délits prévus par l'article précédent ;

2° Tous individus prévenus, comme auteurs ou complices, des crimes prévus par les art. 204, 205, 206, 207, 208, 249, 250, 251, 252, 253 et 254 du présent Code.

Art. 65. Sont traduits devant le conseil de guerre de la division ou du détachement dont ils font partie, les militaires, jusqu'au grade de capitaine inclusivement, et les assimilés de rangs correspondants.

Art. 66. Sont traduits devant le conseil de guerre du quartier général de leur corps d'armée :

1° Les militaires attachés au quartier général, jusqu'au grade de colonel inclusivement, et les assimilés de rangs correspondants attachés à ce quartier général ;

2° Les chefs de bataillon, les chefs d'escadron et les majors, les lieutenants-colonels et les colonels, et les assimilés de rangs correspondants attachés aux divisions composant le corps d'armée.

Art. 67. Sont traduits devant le conseil de guerre du quartier général de l'armée :

1° Les militaires et les assimilés désignés dans l'article précédent, lorsqu'il n'a pas été établi de conseil de guerre au quartier général de leur corps d'armée ;

2° Les militaires et les individus attachés au quartier général de l'armée ;

3° Les militaires et les individus assimilés aux militaires qui ne font partie d'aucune des divisions ou d'aucun des corps d'armée ;

4° Les officiers généraux et les individus de rangs correspondants employés dans l'armée. Toutefois, le général peut, s'il le juge nécessaire, les mettre à la disposition du ministre de la guerre, et, dans ce cas, ils sont traduits devant le conseil de guerre d'une des divisions territoriales les plus **rapprochées.**

Art. 68. Tout individu justiciable des conseils de guerre **aux** armées, qui n'est ni militaire, ni assimilés aux militaires, **est** traduit devant l'un des conseils de guerre de l'armée les **plus** voisins du lieu dans lequel le crime ou le délit a été commis, ou du lieu dans lequel le prévenu a été arrêté.

Art. 69. Les règles de compétence établies par les conseils de guerre aux armées, sont observées dans les divisions territoriales *déclarées* en état de siége *par un décret de l'empereur.*

CHAPITRE III. — *Compétence des conseils de guerre dans les communes, les départements et les places de guerre en état de siege.*

Art. 70. — Les conseils de guerre dans le ressort desquels se trouvent les communes, les départements et les places do guerre déclarés en état de siége, connaissent de tous crimes et délits commis par les justiciables des conseils de guerre aux armées, conformément aux art. 63 et 64 ci-dessus, sans préjudice de l'application de la loi du 9 août 1849 sur l'état de siége.

CHAPITRE IV. — *Disposition commune aux trois chapitres précédents.*

Art. 71. — Les jugements rendus par les conseils de **guerre** peuvent être attaqués par recours devant les conseils de ré-vision.

TITRE II.

Compétence des conseils de révision.

Art. 72. Les conseils de révision prononcent sur les **recours** formés contre les jugements des conseils de guerre établis **dans** leurs ressorts.

Art. 73. Les conseils de révision ne connaissent pas du fond des affaires.

Art. 74. Les conseils de révision ne peuvent annuler **les** jugements que dans les cas suivants :

1° Lorsque le conseil de guerre n'a pas été composé **conformément** aux dispositions du présent Code;

2° Lorsque les règles de la compétence ont été violées;

3° Lorsque la peine prononcée par la loi n'a pas été appli-quée aux faits déclarés constants par le conseil de guerre, ou lorsqu'une peine a été prononcée en dehors des cas prévus **par** la loi;

4° Lorsqu'il y a eu violation ou omission des formes pres-crites à peine de nullité;

5° Lorsque le conseil de guerre a omis de statuer sur une demande de l'accusé ou une réquisition du commissaire impérial tendant à user d'une faculté ou d'un droit accordé par la loi.

TITRE III.

Compétence des prévôtés.

Art. 75. Les prévôtés ont juridiction :

1° Sur les vivandiers, vivandières, cantiniers, cantinières, blanchisseuses, marchands, domestiques et toutes personnes à la suite de l'armée en vertu de permissions ;

2° Sur les vagabonds et gens sans aveu ;

3° Sur les prisonniers de guerre qui ne sont pas officiers.

Elles connaissent, à l'égard des individus ci-dessus désignés dans l'étendue de leur ressort :

1° Des infractions prévues par l'art. 271 du présent Code ;

2° De toute infraction dont la peine ne peut excéder six mois d'emprisonnement et deux cents francs d'amende, ou l'une de ces peines ;

3° Des demandes en dommages-intérêts qui n'excèdent pas cent cinquante francs, lorsqu'elles se rattachent à une infraction de leur compétence.

Les décisions des prévôtés ne sont susceptibles d'aucun recours.

TITRE IV.

Compétence en cas de complicité.

Art. 76. Lorsque la poursuite d'un crime, d'un délit ou d'une contravention comprend des individus non justiciables des tribunaux militaires et des militaires ou autres individus justiciables de ces tribunaux, tous les prévenus indistinctement sont traduits devant les tribunaux ordinaires, sauf les cas exceptés par l'article suivant ou par toute autre disposition expresse de la loi.

Art. 77. Tous les prévenus, indistinctement, sont traduits devant les tribunaux militaires :

1° Lorsqu'ils sont tous militaires ou assimilés aux militaires, alors même qu'un ou plusieurs d'entre eux ne seraient pas justiciables de ces tribunaux, en raison de leur position au moment du crime ou du délit ;

2° S'il s'agit de crimes ou de délits commis par des justiciables des conseils de guerre et par des étrangers ;

3° S'il s'agit de crimes ou délits commis aux armées en pays étranger ;

4° S'il s'agit de crimes ou de délits commis à l'armée sur le territoire français, en présence de l'ennemi.

Art. 78. Lorsqu'un crime ou un délit a été commis de complicité par des individus justiciables des tribunaux de l'armée de terre, et par des individus justiciables des tribunaux de la marine, la connaissance en est attribuée aux juridictions maritimes, si le fait a été commis sur les vaisseaux et autres navires de l'État ou dans l'enceinte des ports militaires, arsenaux ou autres établissements maritimes.

Art. 79. Si le crime ou le délit a été commis en tous autres lieux que ceux qui sont indiqués dans l'article précédent, les tribunaux de l'armée de terre sont seuls compétents. Il en est de même, si les vaisseaux, ports, arsenaux ou autres établissements maritimes où le fait a été commis, se trouvent dans une circonscription en état de siége.

TITRE V.

Des pourvois devant la Cour de cassation.

Art. 80. Ne peuvent en aucun cas se pourvoir en cassation contre les jugements des conseils de guerre et des conseils de révision :

1º Les militaires, les assimilés aux militaires et tous autres individus désignés dans les art. 55, 56 et 57 ci-dessus :

2º Les individus soumis, à raison de leur position, aux lois et règlements militaires;

3º Les justiciables des conseils de guerre dans les cas prévus par les art. 62, 63 et 64 ci-dessus ;

4º Tous individus enfermés dans une place de guerre en état de siége.

Art. 81. Les accusés ou condamnés qui ne sont pas compris dans les désignations de l'article précédent, peuvent attaquer les jugements des conseils de guerre et des conseils de révision devant la Cour de cassation, mais pour cause d'incompétence seulement.

Le pourvoi en cassation ne peut être formé avant qu'il ait été statué sur le recours en révision ou avant l'expiration du délai fixé pour l'exercice de ce recours.

Art. 82. Les dispositions des art. 441, 442, 443, 444, 445, 446, 447 et 542, paragraphe 1er, du Code d'instruction criminelle, sont applicables aux jugements des tribunaux militaires.

Il n'est pas dérogé aux dispositions de l'art. 527 du même Code.

LIVRE III.

DE LA PROCÉDURE DEVANT LES TRIBUNAUX MILITAIRES.

TITRE PREMIER.

Procédure devant les conseils de guerre.

CHAPITRE PREMIER. — *Procédure devant les conseils de guerre dans les divisions territoriales en état de paix.*

SECTION PREMIÈRE. — *De la police judiciaire et de l'instruction.*

Art. 83. La police judiciaire recherche les crimes ou les délits, en rassemble les preuves, et en livre les auteurs à l'autorité chargée d'en poursuivre la répression devant les tribunaux militaires.

Art. 84. La police judiciaire militaire est exercée, sous l'autorité du général commandant la division :

1° Par les adjudants de place ;

2° Par les officiers, sous-officiers et commandants de brigade de gendarmerie ;

3° Par les chefs de poste ;

4° Par les gardes de l'artillerie et du génie ;

5° Par les rapporteurs près les conseils de guerre, en cas de flagrant délit.

Art. 85. Les commandants et majors de place, les chefs de corps, de dépôt et de détachement, les chefs de service d'artillerie et du génie, les membres du corps de l'intendance militaire, peuvent faire personnellement, ou requérir les officiers de police judiciaire, chacun en ce qui le concerne, de faire tous les actes nécessaires à l'effet de constater les crimes et les délits, et d'en livrer les auteurs aux tribunaux chargés de les punir.

Art. 86. Les officiers de police judiciaire reçoivent, en cette qualité, les dénonciations et les plaintes qui leur sont adressées.

Ils rédigent les procès-verbaux nécessaires pour constater le corps du délit et l'état des lieux.

Ils reçoivent les déclarations des personnes présentes ou qui auraient des renseignements à donner.

Ils se saisissent des armes, effets, papiers et pièces tant à charge qu'à décharge, et, en général, de tout ce qui peut servir à la manifestation de la vérité, en se conformant aux articles 34, 35, 36, 37, 38, 39 et 65 du Code d'instruction criminelle.

Art. 87. Dans le cas de flagrant délit, tout officier de police judiciaire militaire ou ordinaire, peut faire saisir les militaires ou les individus justiciables des tribunaux militaires, inculpés d'un crime ou d'un délit. Il les fait conduire immédiatement devant l'autorité militaire et dresse procès-verbal de l'arrestation, en y consignant leurs noms, qualités et signalement.

Art. 88. Hors le cas de flagrant délit, tout militaire ou tout individu justiciable des conseils de guerre, en activité de service, inculpé d'un crime ou d'un délit, ne peut être arrêté qu'en vertu de l'ordre de ses supérieurs.

Art. 89. Lorsque l'autorité militaire est appelée, hors le cas de flagrant délit, à constater, dans un établissement civil, un crime ou un délit de la compétence des tribunaux militaires ou à y faire arrêter un de ses justiciables, elle adresse à l'autorité civile ou judiciaire compétente ses réquisitions tendant, soit à obtenir l'entrée de cet établissement, soit à assurer l'arrestation de l'inculpé.

L'autorité judiciaire ordinaire est tenue de déférer à ces réquisitions, et, dans le cas de conflit, de s'assurer de la personne de l'inculpé.

Lorsqu'il s'agit d'un établissement maritime, la réquisition est adressée à l'autorité maritime.

Art. 90. Les mêmes réquisitions sont adressées par l'autorité civile à l'autorité militaire, lorsqu'il y a lieu, soit de constater un crime ou un délit de la compétence des tribunaux ordinaires dans un établissement militaire, soit d'y arrêter un individu justiciable de ces tribunaux.

L'autorité militaire est tenue de déférer à ces réquisitions et, dans le cas de conflit, de s'assurer de la personne de l'inculpé.

Art. 91. Les officiers de police judiciaire militaire ne peuvent s'introduire dans une maison particulière, si ce n'est avec l'assistance, soit du juge de paix, soit de son suppléant, soit du maire, soit de son adjoint, soit du commissaire de police.

Art. 92. Chaque feuillet du procès-verbal dressé par un officier de police judiciaire militaire est signé par lui et les personnes qui y ont assisté. En cas de refus ou d'impossibilité de signer de la part de celles-ci, il en est fait mention.

Art. 93. A défaut d'officier de police judiciaire militaire présent sur les lieux, les officiers de police judiciaire ordinaire recherchent et constatent les crimes et les délits soumis à la juridiction des conseils de guerre.

Art. 94. Dans le cas d'insoumission, la plainte est dressée par le commandant du dépôt de recrutement du département auquel appartient l'insoumis.

La plainte énonce l'époque à laquelle l'insoumis aurait dû rejoindre.

Sont annexés à la plainte :

1° La copie de la notification faite à domicile de la lettre de mise en activité ;

2° La copie des pièces énonçant que l'insoumis n'est pas arrivé à la destination qui lui avait été assignée ;

3° L'exposé des circonstances qui ont accompagné l'insoumission.

S'il s'agit d'un engagé volontaire ou d'un remplaçant qui n'a pas rejoint le corps, une expédition de l'acte de l'engagement ou du remplacement est annexée à la plainte.

Art. 95. Dans le cas de désertion, la plainte est dressée par le chef du corps ou du détachement auquel le déserteur appartient.

Sont annexés à cet acte :

1° Un extrait du registre matricule du corps ;

2° Un état indicatif des armes et des objets qui auraient été emportés par l'inculpé ;

3° L'exposé des circonstances qui ont accompagné la désertion.

Art. 96. Il n'est pas dérogé par les articles précédents aux lois, décrets et règlements relatifs aux devoirs imposés à la gendarmerie, aux chefs de poste et autres militaires dans l'exercice de leurs fonctions ou pendant le service.

Art. 97. Les actes et procès-verbaux dressés par les officiers de police judiciaire militaire sont transmis sans délai, avec les pièces et documents, au général commandant la division.

Les actes et procès-verbaux émanés des officiers de police ordinaire sont transmis directement au procureur impérial, qui les adresse sans délai au général commandant la division.

Art. 98. S'il s'agit d'un individu justiciable des tribunaux ordinaires, le général commandant envoie les pièces au procureur impérial près le tribunal du chef-lieu de la division militaire, et, si l'inculpé est arrêté, il le met à disposition de ce magistrat et en informe le ministre de la guerre.

Art. 99. La poursuite des crimes et délits ne peut avoir lieu, à peine de nullité, que sur un ordre d'informer donné par le général commandant la division, soit d'office, soit d'après les rapports, actes ou procès-verbaux dressés conformément aux articles précédents.

L'ordre d'informer est donné par le ministre de la guerre, si l'inculpé est colonel, officier général ou maréchal de France.

Art. 100. L'ordre d'informer pour chaque affaire est adressé au commissaire impérial près le conseil de guerre qui doit en connaître, avec les rapports, procès-verbaux, pièces, objets saisis et autres documents à l'appui.

Le commissaire impérial transmet immédiatement toutes les pièces au rapporteur.

Art. 101. Le rapporteur procède à l'interrogatoire du prévenu

Il l'interroge sur ses nom, prénoms, âge, lieu de naissance, profession, domicile, et sur les circonstances du délit; il lui fait représenter toutes les pièces pouvant servir à conviction, et il l'interpelle pour qu'il ait à déclarer s'il les reconnaît.

S'il y a plusieurs prévenus du même délit, chacun d'eux est interrogé séparément, sauf à les confonter, s'il y a lieu.

L'interrogatoire fini, il en est donné lecture au prévenu, afin qu'il déclare si ses réponses ont été fidèlement transcrites, si elles contiennent la vérité et s'il y persiste. L'interrogatoire est signé par le prévenu et clos par la signature du rapporteur et celle du greffier.

Si le prévenu refuse de signer, mention est faite de son refus.

Il est pareillement donné lecture au prévenu des procès-verbaux de l'information.

Art. 102. Le rapporteur cite les témoins par le ministère des agents de la force publique et les entend ; il décerne les commissions rogatoires et fait les autres actes-d'instruction que l'affaire peut exiger, en se conformant aux articles 73, 74, 75, 76, 78, 79, 82, 83 et 85 du Code d'instruction criminelle,

Si les témoins résident hors du lieu où est faite l'information, le rapporteur peut requérir, par commission rogatoire, soit le rapporteur près le conseil de guerre, soit le juge d'instruction, soit le juge de paix du lieu dans lequel ces témoins sont résidants, à l'effet de recevoir leur déposition.

Le rapporteur saisi de l'affaire peut également adresser des commissions rogatoires aux fonctionnaires ci-dessus mentionnés, lorsqu'il faut procéder hors du lieu où se fait l'information, soit aux recherches prévues par l'article 86 du présent Code, soit à tout autre acte d'instruction.

Art. 103. Toute personne citée pour être entendue en témoignage, est tenue de comparaître et de satisfaire à la citation. Si elle ne comparaît pas, le rapporteur peut, sur les conclusions du commissaire impérial, sans autre formalité ni délai, prononcer une amende qui n'excède pas 100 francs, et peut ordonner que la personne citée sera contrainte par corps à venir donner son témoignage.

Le témoin ainsi condamné à l'amende sur le premier défaut, et qui, sur la seconde citation, produira devant le rapporteur des excuses légitimes, pourra, sur les conclusions du commissaire impérial, être déchargé de l'amende.

Art. 104. Si les déclarations ont été recueillies par un magistrat ou un officier de police judiciaire avant l'ordre d'informer, le rapporteur peut se dispenser d'entendre ou de faire entendre les témoins qui auront déjà déposé.

Art. 105. Si le prévenu n'est pas arrêté, le rapporteur peut décerner contre lui, soit un mandat de comparution, soit un mandat d'amener.

Le mandat est adressé par le commissaire impérial au commandant militaire du lieu, qui le fait exécuter.

Après l'interrogatoire du prévenu, le mandat de comparution ou d'amener peut être converti en mandat de dépôt.

Le mandat de dépôt est exécuté sur l'exhibition qui en est faite au concierge de la prison.

Le commissaire impérial rend compte au général commandant la division des mandats de comparution, d'amener ou de dépôt qui ont été décernés par le rapporteur.

Art. 106. S'il résulte de l'instruction que le prévenu a des complices justiciables des conseils de guerre, le rapporteur en réfère, par l'intermédiaire du commissaire impérial, au général commandant la division, et il est procédé à l'égard des prévenus de complicité conformément à l'art. 99.

Si les complices, ou l'un d'eux, ne sont pas justiciables des conseils de guerre, le commissaire impérial en donne avis sur-le-champ au général commandant la division, qui renvoie l'affaire à l'autorité compétente.

Art. 10. Pendant le cours de l'instruction, le commissaire impérial peut prendre connaissance des pièces de la procédure et faire toutes les réquisitions qu'il juge convenables.

SECTION II. — *De la mise en jugement et de la convocation du conseil de guerre.*

Art. 108. L'instruction terminée, le rapporteur transmet les pièces avec son rapport et son avis au commissaire impérial, lequel les adresse immédiatement, avec ses conclusions, au général commandant la division, qui prononce sur la mise en jugement.

Lorsque c'est le ministre de la guerre qui a donné l'ordre d'informer, les pièces lui sont adressées par le général commandant la division, et il statue directement sur la mise en jugement.

Art. 109. L'ordre de mise en jugement est adressé au commissaire impérial avec toutes les pièces de la procédure.

Trois jours avant la réunion du conseil de guerre, le commissaire impérial notifie cet ordre à l'accusé, en lui faisant connaître le crime ou le délit pour lequel il est mis en jugement, le texte de la loi applicable, et les noms des témoins qu'il se propose de faire citer.

Il l'avertit, en outre, à peine de nullité, que, s'il ne fait pas choix d'un défenseur, il lui en sera nommé un d'office par le président.

Art. 110. Le défenseur doit être pris, soit parmi les militaires, soit parmi les avocats et les avoués, à moins que l'accusé n'obtienne du président la permission de prendre pour défenseur un de ses parents ou amis.

Art. 111. Le général commandant la division, en adressant l'ordre de mise en jugement, ordonne de convoquer le conseil de guerre et fixe le jour et l'heure de sa réunion; il en donne avis au président et au commissaire impérial, qui fait les convocations nécessaires.

Art. 112. Le défenseur de l'accusé peut communiquer avec lui aussitôt l'accomplissement des formalités prescrites par l'art. 109; il peut aussi prendre communication sans déplacement ou obtenir copie à ses frais de tout ou partie des pièces de la procédure, sans néanmoins que la réunion du conseil puisse être retardée.

SECTION III. — *De l'examen et du jugement.*

Art. 113. Le conseil de guerre se réunit au jour et à l'heure fixés par l'ordre de convocation.

Des exemplaires du présent Code, du Code d'instruction criminelle et du Code pénal ordinaire sont déposés sur le bureau.

Les séances sont publiques, à peine de nullité; néanmoins, si cette publicité paraît dangereuse pour l'ordre ou pour les mœurs, le conseil ordonne que les débats aient lieu à huis-clos. Dans tous les cas, le jugement est prononcé publiquement.

Le conseil peut interdire le compte rendu de l'affaire; cette interdiction ne peut s'appliquer au jugement.

Art. 114. Le président a la police de l'audience.

Art. 115. Les assistants sont sans armes; ils se tiennent découverts, dans le respect et le silence. Lorsque les assistants donnent des signes d'approbation ou d'improbation, le président les fait expulser. S'ils résistent à ses ordres, le président ordonne leur arrestation et leur détention pendant un temps qui ne peut excéder quinze jours. Les individus justiciables des conseils de guerre sont conduits dans la prison militaire, et les autres individus à la maison d'arrêt civile. Il est fait mention dans le procès-verbal de l'ordre du président; et, sur l'exhibition qui est faite de cet ordre au gardien de la prison, les perturbateurs y sont reçus.

Si le trouble ou le tumulte a pour but de mettre obstacle au cours de la justice les perturbateurs, quels qu'ils soient, sont, audience tenante, déclarés coupables de rébellion par le conseil de guerre, et punis d'un emprisonnement qui ne peut excéder deux ans.

Lorsque les assistants ou les témoins se rendent coupables, envers le conseil de guerre ou l'un de ses membres, de voies de fait ou d'outrages ou menaces par propos ou gestes, ils sont condamnés séance tenante :

1° S'ils ne sont militaires ou assimilés aux militaires, quels que soient leurs grades ou rangs, aux peines prononcées par le présent Code contre les crimes ou délits, lorsqu'ils ont été commis envers des supérieurs pendant le service;

2° S'ils ne sont ni militaires ni assimilés aux militaires, aux peines portées par le Code pénal ordinaire.

Art. 116. Lorsque des crimes ou des délits autres que ceux prévus par l'article précédent sont commis dans le lieu des séances, il est procédé de la manière suivante :

1° Si l'auteur du crime ou du délit est justiciable des tribunaux militaires, il est jugé immédiatement;

2° Si l'auteur du crime ou délit n'est point justiciable des tribunaux militaires, le président, après avoir fait dresser procès-verbal des faits et des dépositions des témoins, renvoie les pièces et l'inculpé devant l'autorité compétente.

Art. 117. Le président fait amener l'accusé, lequel comparaît sous garde suffisante, libre et sans fers, assisté de son défenseur; il lui demande ses nom et prénoms, sou âge, sa profession, sa demeure et le lieu de sa naissance; si l'accusé refuse de répondre, il est passé outre.

Art. 118. Si l'accusé refuse de comparaître, sommation d'obéir à la justice lui est faite au nom de la loi par un agent de la force publique commis à cet effet par le président. Cet agent dresse procès-verbal de la sommation et de la réponse de l'accusé. Si l'accusé n'obtempère à la sommation, le président peut ordonner qu'il soit amené par la force devant le conseil; il peut également, après lecture faite à l'audience du procès-verbal constatant sa résistance, ordonner que nonobstant son absence, il soit passé outre aux débats.

Après chaque audience, il est, par le greffier du conseil de guerre, donné lecture à l'accusé qui n'a pas comparu, du procès-verbal des débats, et il lui est signifié copie des réquisitions du commissaire impérial, ainsi que des jugements rendus, qui sont tous réputés contradictoires.

Art. 119. Le président peut faire retirer de l'audience et reconduire en prison tout accusé qui, par des clameurs ou par tout autre moyen propre à causer du tumulte, met obstacle au libre cours de la justice, et il est procédé aux débats et au jugement, comme si l'accusé était présent. L'accusé peut être condamné séance tenante, pour ce seul fait, à un emprisonnement qui ne peut excéder deux ans.

Si l'accusé militaire ou assimilé aux militaires se rend coupable de voies de fait, ou d'outrages ou menaces par propos ou gestes, envers le conseil ou l'un de ses membres, il est condamné, séance tenante, aux peines prononcées par le présent Code contre ces crimes ou délits, lorsqu'ils ont été commis envers des supérieurs pendant le service.

Dans le cas prévu par le paragraphe précédent, si l'accusé n'est ni militaire ni assimilé aux militaires, il est condamné aux peines portées par le Code pénal ordinaire.

Art. 120. Dans les cas prévus par les art. 115, 116 et 119 du présent Code, le jugement rendu, le greffier en donne lecture à l'accusé et l'avertit du droit qu'il a de former un recours en révision dans les vingt-quatre heures. Il dresse procès-verbal, le tout à peine de nullité.

Art. 121. Le président fait lire par le greffier l'ordre de convocation, le rapport prescrit par l'art. 108 du présent Code, et les pièces dont il lui paraît nécessaire de donner connaissance au conseil; il fait connaître à l'accusé le crime ou le délit pour lequel il est poursuivi; il l'avertit que la loi lui donne le droit de dire tout ce qui est utile à sa défense; il avertit aussi le défenseur de l'accusé qu'il ne peut rien dire contre sa conscience, ou contre le respect qui est dû aux lois, et qu'il doit s'exprimer avec décence et modération.

Art. 122. Aucune exception tirée de la composition du conseil, aucune récusation ne peuvent être proposées contre les membres du conseil de guerre, sans préjudice du droit pour l'accusé de former un recours en révision, dans les cas prévus par l'art. 74, n° 1, du présent Code.

Art. 123. Si l'accusé a des moyens d'incompétence à faire valoir, il ne peut les proposer devant le conseil de guerre qu'avant l'audition des témoins.

Cette exception est jugée sur-le-champ.

Si l'exception est rejetée, le conseil passe au jugement de l'affaire, sauf à l'accusé à se pourvoir contre le jugement sur la compétence en même temps contre la décision rendue sur le fond.

Il en est de même pour le jugement de toute autre exception ou de tout incident soulevé dans le cours des débats.

Art. 124. Les jugements sur les exceptions, les moyens d'incompétence et les incidents sont rendus à la majorité des voix.

Art. 125. Le président est investi d'un pouvoir discrétionnaire pour la direction des débats et la découverte de la vérité.

Il peut, dans le cours des débats, appeler, même par mandat de comparution et d'amener, toute personne dont l'audition lui paraît nécessaire; il peut aussi faire apporter une pièce qui lui paraîtrait utile à la manifestation de la vérité.

Les personnes ainsi appelées ne prêtent pas serment, et leurs déclarations ne sont considérées que comme renseignements.

Art. 126. Dans le cas où l'un des témoins ne se présente pas, le conseil de guerre peut passer outre aux débats, et lecture est donnée de la déposition du témoin absent.

Art. 127. Si, d'après les débats, la déposition d'un témoin paraît fausse, le président peut, sur la réquisition, soit du commissaire impérial, soit de l'accusé, et même d'office, faire sur-le-champ mettre le témoin en état d'arrestation. Si le témoin est justiciable des conseils de guerre, le président, ou l'un des juges nommés par lui, procède à l'instruction. Quand elle est terminée, elle est envoyée au général commandant la division.

Si le témoin n'est pas justiciable des conseils de guerre, le président, après avoir dressé procès-verbal et avoir fait arrêter l'inculpé, s'il y a lieu, le renvoie, avec le procès-verbal, devant le procureur impérial du lieu où siége le conseil de guerre.

Art. 128. Les dispositions des art. 315, 316, 317, 318, 319, 320, 321, 322, 323, 324, 325, 326, 327, 328, 329, 332, 333, 334,

354, 355 du Code d'instruction criminelle, sont observées devant les conseils de guerre.

Art. 129. L'examen et les débats sont continués sans interruption, et le président ne peut les suspendre que pendant les intervalles nécessaires pour le repos des juges, des témoins et des accusés.

Les débats peuvent être encore suspendus si un témoin dont la déposition est essentielle ne s'est pas présenté, ou si la déclaration d'un témoin ayant paru fausse, son arrestation a été ordonnée, ou lorsqu'un fait important reste à éclaircir.

Le conseil prononce sur la suspension des débats à la majorité des voix, et, dans le cas où la suspension dure plus de quarante-huit heures, les débats sont recommencés en entier.

Art. 130. Le président procède à l'interrogatoire de l'accusé et reçoit les dépositions des témoins.

Le commissaire impérial est entendu dans ses réquisitions et développe les moyens qui appuient l'accusation.

L'accusé et son défenseur sont entendus dans leur défense.

Le commissaire impérial réplique, s'il le juge convenable; mais l'accusé et son défenseur ont toujours la parole les derniers.

Le président demande à l'accusé s'il n'a rien à ajouter à sa défense, et déclare ensuite que les débats sont terminés.

Art. 131. Le président fait retirer l'accusé.

Les juges se rendent dans la chambre du conseil, ou, si les localités ne le permettent pas, le président fait retirer l'auditoire.

Les juges ne peuvent plus communiquer avec personne ni se séparer avant que le jugement ait été rendu. Ils délibèrent hors la présence du commissaire impérial et du greffier.

Ils ont sous les yeux les pièces de la procédure.

Le Président recueille les voix, en commençant par le grade inférieur, il émet son opinion le dernier.

Art. 132. Les questions sont posées par le président dans l'ordre suivant pour chacun des accusés :

1° L'accusé est-il coupable du fait qui lui est imputé?

2° Ce fait a-t-il été commis avec telle ou telle circonstance aggrvante?

3r Ce fait a-t-il été commis dans telle circonstance qui le rend excusable d'après la loi?

Si l'accusé est âgé de moins de seize ans, le président pose cette question. : L'accusé a-t-il agi avec discernement?

Art. 133. Les questions indiquées par l'article précédent ne peuvent être résolues contre l'accusé qu'à la majorité de cinq voix contre deux.

Art. 134. Si l'accusé est déclaré coupable, le conseil de guerre délibère sur l'application de la peine.

Dans le cas où la loi autorise l'admission de circonstances atténuantes, si le conseil de guerre reconnaît qu'il en existe en faveur de l'accusé, il le déclare à la majorité absolue des voix.

La peine est prononcée à la majorité de cinq voix contre deux.

Si aucune peine ne réunit cette majorité, l'avis le plus favorable sur l'application de la peine est adopté.

Art. 135. En cas de conviction de plusieurs crimes ou délits, la peine la plus forte est seule prononcée.

Art. 136. Le jugement est prononcé en séance publique.

Le président donne lecture des motifs et du dispositif.

Si l'accusé n'est pas reconnu coupable, le conseil prononce son acquittement, et le président ordonne qu'il soit mis en liberté s'il n'est retenu pour autre cause.

Si le conseil de guerre déclare que le fait commis par l'accusé ne donne lieu à l'application d'aucune peine, il prononce son absolution et le président ordonne qu'il sera mis en liberté à l'expiration du délai fixé pour le recours en révision.

Art. 137. Tout individu acquitté ou absous ne peut être repris ni accusé à raison du même fait.

Art. 138. Si le condamné est membre de l'Ordre impérial de la Légion d'honneur ou décoré de la médaille militaire, le jugement déclare, dans les cas prévus par les lois, qu'il cesse de faire partie de la Légion d'honneur ou d'être décoré de la médaille militaire.

Art. 139. Le jugement qui prononce une peine contre l'accusé le condamne aux frais envers l'État. Il ordonne, en outre, dans les cas prévus par la loi, la confiscation des objets saisis et la restitution, soit au profit de l'État, soit au profit des propriétaires, de tous objets saisis ou produits au procès comme pièces de conviction.

Art. 140. Le jugement fait mention de l'accomplissement de toutes les formalités prescrites par la présente section.

Il ne reproduit ni les réponses de l'accusé ni les dépositions des témoins.

Il contient les décisions rendues sur les moyens d'incompétence, les exceptions et les incidents..

Il énonce, à peine de nullité :

1° Les noms et grades des juges;

2° Les nom, prénoms, âge, profession et domicile de l'accusé ;

3° Le crime ou le délit pour lequel l'accusé a été traduit devant le conseil de guerre;

4° La prestation de serment des témoins;

5° Les réquisitions du commissaire impérial;

6° Les questions posées, les décisions et le nombre des voix;

7° Le texte de la loi appliquée;

8° La publicité des séances ou la décision qui a ordonné le huis clos;

9° La publicité de la lecture du jugement faite par le président.

Le jugement, écrit par le greffier, est signé sans désemparer par le président, les juges et le greffier.

Art. 141. Le commissaire impérial fait donner lecture du jugement à l'accusé par le greffier, en sa présence et devant la garde rassemblée sous les armes.

Aussitôt après cette lecture, il avertit le condamné que la loi lui accorde vingt-quatre heures pour exercer son recours devant le conseil de révision.

Le greffier dresse du tout un procès-verbal signé par lui et par le commissaire impérial.

Art. 142. Lorsqu'il résulte, soit des pièces produites, soit des dépositions des témoins entendus dans les débats, que l'accusé peut être poursuivi pour d'autres crimes ou délits que ceux qui ont fait l'objet de l'accusation, le conseil de guerre, après le prononcé du jugement, renvoie, sur les réquisitions du commissaire impérial, ou même d'office, le condamné au général qui a donné l'ordre de mise en jugement, pour être procédé, s'il y a lieu, à l'instruction. S'il y a eu condamnation, il est sursis à l'exécution du jugement.

S'il y a eu acquittement ou absolution, le conseil de guerre ordonne que l'accusé demeure en état d'arrestation jusqu'à ce qu'il ait été statué sur les faits nouvellement découverts.

Art. 143. Le délai de vingt-quatre heures accordé au condamné pour se pourvoir en révision court à partir de l'expiration du jour où le jugement lui a été lu.

La déclaration du recours est reçue par le greffier ou par le directeur de l'établissement où est détenu le condamné. La déclaration peut être faite par le défenseur du condamné.

Art. 144. Dans le cas d'acquittement ou d'absolution de l'accusé, l'annulation du jugement ne pourra être poursuivie par le commissaire impérial que conformément aux articles 409 et 410 du Code d'instruction criminelle.

Le recours du commissaire impérial est formé, au greffe, dans le délai prescrit par l'article précédent.

Art. 145. S'il n'y a pas de recours en révision, et si, aux termes de l'article 80 du présent Code, le pourvoi en cassation est interdit, le jugement est exécutoire dans les vingt-quatre heures après l'expiration du délai fixé pour le recours.

S'il y a recours en révision, il est sursis à l'exécution du jugement.

Art. 146. Si le recours en révision est rejeté et si, aux termes de l'article 80 du présent Code, le pourvoi en cassation est interdit, le jugement de condamnation est exécuté dans les vingt-quatre heures après la réception du jugement qui a rejeté le concours.

Art. 147. Lorsque la voie du pourvoi en cassation est ouverte, aux termes de l'article 81 du présent Code, le condamné doit former son pourvoi dans les trois jours qui suivent la notification de la décision du conseil de révision, et, s'il n'y a pas eu recours devant ce conseil, dans les trois jours qui suivent l'expiration du délai accordé pour l'exercer.

Le pourvoi en cassation est reçu par le greffier ou par le directeur de l'établissement où est détenu le condamné.

Art. 148. Dans le cas où le pourvoi en cassation est autorisé par l'article 81 du présent Code, s'il n'y a pas eu pourvoi, le jugement de condamnation est exécuté dans les vingt-quatre heures après l'expiration du délai fixé pour le pourvoi, et, s'il y a eu pourvoi, dans les vingt-quatre heures après la réception de l'arrêt qui l'a rejeté.

Art. 149. Le commissaire impérial rend compte au général comdant la division, suivant les cas, soit du jugement de rejet du conseil de révision, soit de l'arrêt de rejet de la Cour de cassation, soit du jugement du conseil de guerre s'il n'y a eu, dans les délais, ni recours en révision ni pourvoi en cassation. Il requiert l'exécution du jugement.

Art. 150. Le général commandant la division peut suspendre l'exécution du jugement, à la charge d'en informer sur-le-champ le Ministre de la guerre.

Art. 151. Les jugements des conseils de guerre sont exécutés sur les ordres du général commandant la division et à la diligence du commissaire impérial, en présence du greffier, qui dresse procès-verbal.

La minute de ce procès-verbal est annexée à la minute du jugement, en marge de laquelle il est fait mention de l'exécution.

Dans les trois jours de l'exécution, le commissaire impérial est tenu d'adresser une expédition du jugement au chef du corps dont faisait partie le condamné.

Si le condamné est membre de la Légion d'honneur, décoré de la médaille militaire ou d'un ordre étranger, il est également adressé une expédition au grand chancelier.

Toute expédition du jugement de condamnation fait mention de l'exécution.

CHAPITRE II. — *Procédure devant les conseils de guerre aux armées, dans les divisions territoriales en état de guerre, et dans les communes, les départements et les places de guerre en état de siége.*

Art. 152. La procédure établie pour les conseils de guerre dans les divisions territoriales en état de paix est suivie dans les conseils de guerre aux armées, dans les divisions territoriales en état de guerre, dans les communes, les départements et les places de guerre en état de siége, sauf les modifications apportées dans les articles suivants.

Art. 153. Lorsqu'un officier de police judiciaire militaire, dans les cas prévus par les articles 89 et 91 du présent Code, doit pénétrer dans un établissement civil ou dans une habitation particulière, et qu'il ne se trouve sur les lieux aucune autorité civile chargée de l'assister, il peut passer outre, et mention en est faite dans le procès-verbal.

Art. 154. L'ordre d'informer est donné :

Par le général en chef à l'égard des inculpés justiciables du conseil de guerre du quartier général de l'armée;

Par le général commandant le corps d'armée, à l'égard des inculpés justiciables du conseil de guerre du corps d'armée;

Par le général commandant la division, à l'égard des inculpés justiciables du conseil de guerre de la division ;

Par le commandant du détachement de troupes, à l'égard des inculpés justiciables du conseil de guerre formé dans le détachement;

Par le gouverneur ou commandant supérieur dans les places de guerre en état de siége.

Art. 155. L'ordre de mise en jugement et de convocation du conseil de guerre est donné par l'officier qui a ordonné l'information.

Art. 156. L'accusé peut être traduit directement, et sans instruction préalable, devant le conseil de guerre.

Art. 157. Le général en chef a, dans l'étendue de son commandement, toutes les attributions dévolues au Ministre de la guerre dans les divisions territoriales, par les articles 99, 106, 108 et 150 du présent Code, sauf les cas prévus par les articles 209 et 210.

Les mêmes pouvoirs sont accordés au gouverneur et au commandant supérieur dans les places de guerre en état de siége.

Art. 158. Les conseils de guerre aux armées, dans les divisions territoriales en état de guerre, dans les communes, les départements et les places de guerre en état de siége, statuent, séance tenante, sur tous les crimes et délits commis à l'audience, alors même que le coupable ne serait pas leur justiciable.

TITRE II.

Procédure devant les Conseils de révision.

Art. 159. Après la déclaration de recours, le commissaire impérial près le conseil de guerre adresse sans retard au commissaire impérial près le conseil de révision une expédition du jugement et de l'acte de recours. Il y joint les pièces de la procédure et la requête de l'accusé, si elle a été déposée.

Art. 160. Le commissaire impérial près le conseil de révision envoie sur-le-champ les pièces de la procédure au greffe du conseil, où elles restent déposées pendant vingt-quatre heures.

Le défenseur de l'accusé peut en prendre communication sans déplacement, et produire avant le jugement les requêtes, mémoires et pièces qu'il juge utiles.

Le greffier tient un registre sur lequel il mentionne à leur date les productions faites par le commissaire impérial et par le condamné.

Art. 161. A l'expiration du délai de vingt-quatre heures, les pièces de l'affaire sont renvoyées par le président à l'un des juges pour en faire le rapport.

Art. 162. Le conseil de révision prononce dans les trois jours à dater du dépôt des pièces.

Art. 163. Dans le cas d'une des incapacités prévues par l'article 31 du présent Code, l'exception doit être proposée avant l'ouverture des débats, et elle est jugée par le conseil de révision, dont la décision est sans recours.

Art. 164. Le rapporteur expose les moyens de recours; il présente ses observations, sans toutefois faire connaître son opinion. Après le rapport, le défenseur du condamné est entendu ; il ne peut plaider sur le fond de l'affaire.

Le commissaire impérial discute les moyens présentés dans la requête ou à l'audience, ainsi que ceux qu'il croit devoir proposer d'office, et il donne ses conclusions, sur lesquelles le défenseur est admis à présenter des observations.

Art. 165. Les juges se retirent dans la chambre du conseil; si les localités ne le permettent pas, ils font retirer l'auditoire; ils délibèrent hors de la présence du commissaire impérial et du greffier.

Ils statuent, sans désemparer et à la majorité des voix, sur chacun des moyens proposés.

Le président recueille les voix, en commençant par le grade inférieur. Toutefois, le rapporteur opine toujours le premier.

Le jugement est motivé. En cas d'annulation, le texte de la loi violée ou faussement appliquée est transcrit dans le jugement.

Le jugement est prononcé, par le président, en audience publique

La minute est signée par le président et par le greffier.

Art. 166. Si le recours est rejeté, le commissaire impérial transmet le jugement du conseil de révision et les pièces au commissaire impérial près le conseil de guerre qui a rendu le jugement, et il en donne avis au général commandant la division.

Art. 167. Si le conseil de révision annule le jugement pour incompétence, il prononce le renvoi devant la juridiction compétente, et, s'il l'annule pour tout autre motif, il renvoie l'affaire devant le conseil de guerre de la division qui n'en a pas connu, ou, à défaut d'un second conseil de guerre dans la division, devant celui d'une des divisions voisines.

Art. 168. Le commissaire impérial près le conseil de révision envoie au commissaire impérial près le conseil de guerre dont le jugement est annulé une expédition du jugement d'annulation.

Ce jugement est, à la diligence du commissaire impérial, transcrit sur les registres du conseil de guerre. Il en est fait mention en marge du jugement annulé.

Art. 169. Le commissaire impérial près le conseil de révision transmet sans délai les pièces du procès, avec une expédition du jugement d'annulation, au commissaire impérial près le conseil de guerre devant lequel l'affaire est renvoyée.

Si le jugement a été annulé pour cause d'incompétence de la juridiction militaire, les pièces sont transmises au procureur impérial près le tribunal du lieu où siége le conseil de révision. Il est procédé pour le surplus comme à l'article 98 du présent Code.

Art. 170. Si l'annulation a été prononcée pour inobservation des formes, la procédure est recommencée, à partir du premier acte nul. Il est procédé à de nouveaux débats.

Néanmoins, si l'annulation n'est prononcée que pour fausse application de la peine aux faits dont l'accusé a été déclaré coupable, la déclaration de la culpabilité est maintenue, et l'affaire n'est renvoyée devant le nouveau conseil de guerre que pour l'application de la peine.

Art. 171. Si le deuxième jugement est annulé, l'affaire doit être renvoyée devant un conseil de guerre qui n'en ait point connu.

Art. 172. Les dispositions des articles 110, 113, 114 et 115 du présent Code, relatifs aux conseils de guerre, sont applicables aux conseils de révision.

Dans les cas prévus par l'article 116, il est procédé comme au dernier paragraphe de cet article.

Dans tous les cas, les décisions sont prises à la majorité indiquée par l'article 165.

TITRE III.

Procédure devant les prévôtés.

Art. 173. Les prévôtés sont saisies par le renvoi que leur fait l'autorité militaire ou par la plainte de la partie lésée.

Dans le cas de flagrant délit, ou même en cas d'urgence, elles peuvent procéder d'office.

3

Art. 174. Les prévenus sont amenés devant la prévôté, qui juge publiquement.

La partie plaignante expose sa demande.

Les témoins prêtent serment.

Les prévenus présentent leur défense.

Le jugement est motivé ; il est signé par le prévôt et par le greffier ; il est exécutoire sur minute.

TITRE IV.

De la contumace et des jugements par défaut.

Art. 175. Lorsqu'après l'ordre de mise en jugement, l'accusé d'un fait qualifié crime n'a pu être saisi, ou lorsqu'après avoir été saisi il s'est évadé, le président du conseil de guerre rend une ordonnance indiquant le crime pour lequel l'accusé est poursuivi et portant qu'il sera tenu de se présenter dans un délai de dix jours.

Cette ordonnance est mise à l'ordre du jour.

Art. 176. Après l'expiration du délai de dix jours à partir de la mise à l'ordre du jour de l'ordonnance du président, il est procédé, sur l'ordre du général commandant la division, au jugement par contumace.

Nul défenseur ne peut se présenter pour l'accusé contumax.

Les rapports et procès-verbaux, la déposition des témoins et les autres pièces de l'instruction sont lus en entier à l'audience.

Le jugement est rendu dans la forme ordinaire, mis à l'ordre du jour et affiché à la porte du lieu où siége le conseil de guerre, et à la mairie du domicile du condamné.

Le greffier et le maire dressent procès-verbal, chacun en ce qui le concerne.

Ces formalités tiennent lieu de l'exécution du jugement par effigie.

Art. 177. Le recours en révision contre les jugements par contumace n'est ouvert qu'au commissaire impérial.

Art. 178. Les articles 471, 474, 475, 476, 477 et 478 du Code d'instruction criminelle sont applicables aux jugements par contumace rendus par les conseils de guerre.

Art. 179. Lorsqu'il s'agit d'un fait qualifié délit par la loi, si l'accusé n'est pas présent, il est jugé par défaut.

Le jugement rendu dans la forme ordinaire est mis à l'ordre du jour de la place, affiché à la porte du lieu où siége le conseil de guerre, et signifié à l'accusé ou à son domicile.

Dans les cinq jours, à partir de la signification, outre un jour par cinq myriamètres, l'accusé peut former opposition.

Ce délai expiré sans qu'il ait été formé d'opposition, le jugement est réputé contradictoire.

TITRE V.

Dispositions générales.

Art. 180. La reconnaissance de l'identité d'un individu condamné par un conseil de guerre, évadé et repris, est faite par le conseil de guerre de la division où se trouve le corps dont fait partie le condamné.

Si le condamné n'appartient à aucun corps, la reconnaissance est faite par le conseil de guerre qui a prononcé la condamnation, et, si le conseil a cessé ses fonctions, par le conseil de guerre de la division sur le territoire de laquelle le condamné a été repris.

Le conseil statue sur la reconnaissance en audience publique en présence de l'individu repris, après avoir entendu les témoins appelés tant par le commissaire impérial que par l'individu repris ; le tout à peine de nullité.

Le commissaire impérial et l'individu repris ont la faculté de se pourvoir en révision contre le jugement qui statue sur la reconnaissance de l'identité.

Les dispositions des paragraphes 1 et 2 ci-dessus sont applicables au jugement des condamnés par contumace qui se représentent ou qui sont arrêtés.

Art. 181. Lorsqu'après l'annulation d'un jugement, un second jugement rendu contre le même accusé est annulé pour les mêmes motifs que le premier, l'affaire est renvoyée devant un conseil de guerre d'une des divisions voisines. Ce conseil doit se conformer à la décision du conseil de révision sur le point de droit.

Toutefois, s'il s'agit de l'application de la peine, il doit adopter l'interprétation la plus favorable à l'accusé.

Le troisième jugement ne peut plus être attaqué par les mêmes moyens, si ce n'est par la voie de cassation dans l'intérêt de la loi, aux termes des articles 441 et 442 du Code d'instruction criminelle.

Art. 182. Lorsque les conseils de guerre ou de révision aux armées, dans les divisions territoriales en état de guerre, dans les communes, départements et place de guerre en état de siége, cessent leurs fonctions, les affaires dont l'information est commencée sont portées devant les conseils de guerre des divisions territoriales désignées par le Ministre de la guerre.

Art. 183. Toutes assignations, citations et notifications aux témoins, inculpés ou accusés, sont faites sans frais par la gendarmerie ou par tous autres agents de la force publique.

Art. 184. Les dispositions du chapitre V du titre VII du livre II du Code d'instruction criminelle, relatives à la prescription, sont applicables à l'action publique résultant d'un crime ou délit de la compétence des juridictions militaires, ainsi qu'aux peines résultant des jugements rendus par ces tribunaux.

Toutefois, la prescription contre l'action publique résultant de l'insoumission ou de la désertion, ne commence à courir que du jour où l'insoumis ou le déserteur a atteint l'âge de 47 ans (1).

A quelque époque que l'insoumis ou le déserteur soit arrêté, il est mis à la disposition du Ministre de la guerre pour compléter, s'il y a lieu, le temps de service qu'il doit encore à l'État.

LIVRE IV.

DES CRIMES, DES DÉLITS ET DES PEINES.

TITRE PREMIER.

Des peines et de leurs effets.

Art. 185. Les peines qui peuvent être appliquées par les tribunaux militaires en matière de crime sont:
La mort,
Les travaux forcés à perpétuité,
La déportation,
Les travaux forcés à temps,
La détention,
La réclusion,
Le bannissement,
La dégradation militaire.

Art. 186. Les peines en matière de délit sont :
La destitution,
Les travaux publics,
L'emprisonnement,
L'amende.

Art. 187. Tout individu condamné à la peine de mort par un conseil de guerre est fusillé.

Art. 188. Lorsque la condamnation à la peine de mort est prononcée contre un militaire en vertu des lois pénales ordinaires, elle entraîne de plein droit la dégradation militaire.

Art. 189. Les peines des travaux forcés, de la déportation, de la détention, de la réclusion et du bannissement, sont appliquées conformément aux dispositions du Code pénal ordinaire.

(1) Limite d'âge fixée par l'article 11 de la loi du 26 avril 1855.

Elles ont les effets déterminés par ce Code et emportent, en outre, la dégradation militaire.

Art. 190. Tout militaire qui doit subir la dégradation militaire, soit comme peine principale, soit comme accessoire d'une peine autre que la mort, est conduit devant la troupe sous les armes. Après la lecture du jugement, le commandant prononce ces mots à haute voix : « N... N... (nom et prénoms du condamné), vous êtes indigne de porter les armes ; de par l'Empereur, nous vous dégradons. »

Aussitôt après, tous les insignes militaires et les décorations dont le condamné est revêtu sont enlevés ; et, s'il est officier, son épée est brisée et jetée à terre devant lui.

La dégradation militaire entraîne :

1° La privation du grade et du droit d'en porter les insignes et l'uniforme ;

2° L'incapacité absolue de servir dans l'armée, à quelque titre que ce soit, et les autres incapacités prononcées par les articles 28 et 34 du Code pénal ordinaire ;

3° La privation du droit de porter aucune décoration, et la déchéance de tout droit à pension et à récompense pour les services antérieurs.

Art. 191. La dégradation militaire, prononcée comme peine principale, est toujours accompagnée d'un emprisonnement dont la durée, fixée par le jugement, n'excède pas cinq années.

Art. 192. La destitution entraîne la privation du grade ou du rang, et du droit d'en porter les insignes distinctifs et l'uniforme.

L'officier destitué ne peut obtenir ni pension ni récompense à raison de ses services antérieurs.

Art. 193. Le condamné à la peine des travaux publics est conduit à la parade revêtu de l'habillement déterminé par les règlements.

Il y entend devant les troupes la lecture de son jugement.

Il est employé aux travaux d'utilité publique. Il ne peut, en aucun cas, être placé dans les mêmes ateliers que les condamnés aux travaux forcés.

La durée de la peine est de deux ans au moins et de dix ans au plus.

Art. 194. La durée de l'emprisonnement est de six jours au moins et de cinq ans au plus.

Art. 195. Lorsque les lois pénales prononcent la peine de l'amende, les tribunaux militaires peuvent remplacer cette peine par un emprisonnement de six jours à six mois.

Art. 196. Dans les cas prévus par les articles 76, 77, 78 et 79 du présent Code, le tribunal compétent applique aux militaires et aux individus assimilés aux militaires les peines prononcées par les lois militaires, aux individus appartenant à l'armée du mer, les peines prononcées par les lois maritimes, et à tous autres individus, les peines portées par lois ordinaires, à moins qu'il n'en soit autrement ordonné par une disposition expresse de la loi.

Les peines prononcées contre les militaires sont exécutées conformément aux dispositions du présent Code et à la diligence de l'autorité militaire.

Art. 197. Dans les mêmes cas, si les individus non militaires et non assimilés aux militaires sont déclarés coupables d'un crime ou d'un délit non prévu par les lois pénales ordinaires, ils sont condamnés aux peines portées par le présent Code contre ce crime ou ce délit

Toutefois, les peines militaires sont remplacées à leur égard ainsi qu'il suit :

1° La dégradation militaire prononcée comme peine principale, par la dégradation civique ;

2° La destitution et les travaux publics, par un emprisonnement d'un an à cinq ans.

Art. 198. Lorsque des individus non militaires ou non assimilés aux militaires sont traduits devant un conseil de guerre, ce conseil peut leur faire application de l'article 463 du Code pénal ordinaire.

Art. 199. Les dispositions des articles 66, 67 et 69 du Code pénal ordinaire, concernant les individus âgés de moins de seize ans, sont observées par les tribunaux militaires.

S'il est décidé que l'accusé a agi avec discernement, les peines de la dégradation militaire, de la destitution et des travaux publics sont remplacées par un emprisonnement d'un an à cinq ans dans une maison de correction.

Art. 200. Les peines prononcées par les tribunaux militaires commencent à courir, savoir :

Celle des travaux forcés, de la déportation, de la détention, de la réclusion et du bannissement, à partir du jour de la dégradation militaire ;

Celle des travaux publics, à partir du jour de la lecture du jugement devant les troupes.

Les autres peines comptent du jour où la condamnation est devenue irrévocable. Toutefois, si le condamné à l'emprisonnement n'est pas détenu, la peine court du jour où il est écroué.

Art. 201. Toute condamnation prononcée contre un officier, par quelque tribunal que ce soit, pour l'un des délits prévus par les articles 401, 402, 403, 405, 406, 407 et 408 du Code pénal ordinaire, entraîne la perte du grade.

Art. 202. Les articles 2, 3, 59, 60, 61, 62, 63, 64 et 65 du Code pénal ordinaire, relatifs à la tentative de crime ou de délit, à la complicité et aux cas d'excuses sont applicables devant les tribunaux militaires, sauf les dérogations prévues par le présent Code.

Art. 203. Les fonctionnaires, agents, employés militaires et autres assimilés aux militaires sont, pour l'application des peines, considérés comme officiers, sous-officiers ou soldats, suivant le grade auquel leur rang correspond.

TITRE II.

Des crimes, des délits et de leur punition.

CHAPITRE PREMIER. — *Trahison, espionnage et embauchage.*

Art. 204. Est puni de mort, avec dégradation militaire, tout militaire français, ou au service de la France, qui porte les armes contre la France.

Est puni de mort tout prisonnier de guerre qui, ayant faussé sa parole, est repris les armes à la main.

Art. 205. Est puni de mort, avec dégradation militaire, tout militaire :

1° Qui livre à l'ennemi, ou dans l'intérêt de l'ennemi, soit la troupe qu'il commande, soit la place qui lui est confiée, soit les approvisionnements de l'armée, soit les plans des places de guerre ou des arsenaux maritimes des ports ou rades, soit le mot d'ordre ou le secret d'une opération, d'une expédition ou d'une négociation ;

2° Qui entretient des intelligences avec l'ennemi, dans le but de favoriser ses entreprises ;

3° Qui participe à des complots dans le but de forcer le commandant d'une place assiégée à se rendre ou à capituler ;

4° Qui provoque à la fuite ou empêche le ralliement en présence de l'ennemi.

Art. 206. Est considéré comme espion et puni de mort avec dégradation militaire :

1° Tout militaire qui s'introduit dans une place de guerre, dans un poste ou établissement militaire, dans les travaux, camps, bivacs ou cantonnements d'une armée, pour s'y procurer des documents ou renseignements dans l'intérêt de l'ennemi ;

2° Tout militaire qui procure à l'ennemi des documents ou renseignements susceptibles de nuire aux opérations de l'armée ou de compromettre la sûreté des places, postes ou autres établissements militaires ;

3° Tout militaire qui, sciemment, recèle ou fait recéler les espions ou les ennemis envoyés à la découverte.

Art. 207. Est puni de mort tout ennemi qui s'introduit déguisé dans un des lieux désignés en l'article précédent.

Art 208. Est considéré comme embaucheur et puni de mort tout individu convaincu d'avoir provoqué des militaires à passer à l'ennemi ou aux rebelles armés, de leur en avoir sciemment facilité les moyens, ou d'avoir fait des enrôlements pour une puissance en guerre avec avec la France.

Si le coupable est militaire, il est en outre puni de la dégradation militaire.

CHAPITRE II. — *Crimes ou délits contre le devoir militaire.*

Art. 209. Est puni de mort, avec dégradation militaire, tout gouverneur ou commandant qui, mis en jugement après avis d'un conseil d'enquête, est reconnu coupable d'avoir capitulé avec l'ennemi et rendu la place qui lui était confiée sans avoir épuisé tous les moyens de défense dont il disposait, et sans avoir fait tout ce que prescrivaient le devoir et l'honneur.

Art. 210. Tout général, tout commandant d'une troupe armée qui capitule en rase campagne, est puni ·

1° De la peine de mort avec dégradation militaire, si la capitulation a eu pour résultat de faire poser les armes à sa troupe, ou si, avant de traiter verbalement ou par écrit, il n'a pas fait tout ce que lui prescrivent le devoir et l'honneur ;

2° De la destitution dans tous les autres cas.

Art. 211. Tout militaire qui, étant en faction ou en vedette, abandonne son poste sans avoir rempli sa consigne, est puni :

1° De la peine de mort, s'il était en présence de l'ennemi ou de rebelles armés ;

2° De deux ans à cinq ans de travaux publics, si, hors le cas prévu par le paragraphe précédent, il était sur un territoire en état de guerre ou en état de siége ;

4° D'un emprisonnement de deux mois à un an dans tous les autres cas

Art. 212. Tout militaire qui, étant en faction ou en vedette, est trouvé endormi, est puni :

1° De deux ans à cinq ans de travaux publics, s'il était en présence de l'ennemi ou de rebelles armés ;

2° De six mois à un an d'emprisonnement, si, hors le cas prévu par le paragraphe précédent, il était sur un territoire en état de guerre ou en état de siége ;

3° De deux mois à six mois d'emprisonnement, dans tous les autres cas.

Art. 213. Tout militaire qui abandonne son poste est puni :

1° De la peine de mort, si l'abandon a eu lieu en présence de l'ennemi ou de rebelles armés ;

2° De deux à cinq ans d'emprisonnement, si, hors le cas prévu par le paragraphe précédent, l'abandon a eu lieu sur un territoire en état de guerre ou en état de siége ;

3° De deux mois à six mois d'emprisonnement, dans tous les autres cas.

Si le coupable est chef de poste, le maximum de la peine lui est toujours infligé.

Art. 214. En temps de guerre, aux armées, ainsi que dans les communes, les départements et les places de guerre en état de siége, tout militaire qui ne se rend pas à son poste en cas d'alerte ou lorsque la générale est battue, est puni de six mois à deux ans d'emprisonnement; s'il est officier, la peine est celle de la destitution.

Art. 215. Tout militaire qui, hors le cas d'excuse légitime, ne se rend pas au conseil de guerre où il est appelé à siéger, est puni d'un emprisonnement de deux mois à six mois.

En cas de refus, si le coupable est officier, il peut être puni de la destitution.

Art. 216. Les dispositions des art. 237, 238, 239, 240, 241, 242, 243, 247 et 248 du Code pénal ordinaire, sont applicables aux militaires qui laissent évader des prisonniers de guerre ou d'autres individus arrêtés, détenus ou confiés à leur garde, ou qui favorisent ou procurent l'évasion de ces individus, ou les recèlent ou les font recéler.

CHAPITRE III. — *Révolte, insubordination et rebellion.*

Art. 217. Sont considérés comme en état de révolte, et punis de mort :

1º Les militaires sous les armes qui, réunis au nombre de quatre au moins et agissant de concert, refusent à la première sommation d'obéir aux ordres de leurs chefs;

2º Les militaires qui, au nombre de quatre au moins, prennent les armes sans autorisation et agissent contre les ordres de leurs chefs;

3º Les militaires qui, réunis au nombre de huit au moins, se livrent à des violences en faisant usage de leurs armes, et refusent, à la voix de leurs supérieurs, de se disperser ou de rentrer dans l'ordre.

Néanmoins, dans tous les cas prévus par le présent article, la peine de mort n'est infligée qu'aux instigateurs ou chefs de la révolte, et au militaire le plus élevé en grade. Les autres coupables sont punis de cinq ans à dix ans de travaux publics, ou, s'ils sont officiers, de la destitution, avec emprisonnement de deux à cinq ans.

Dans le cas prévu par le nº 3 du présent article, si les coupables se livrent à des violences, sans faire usage de leurs armes, ils sont punis de cinq ans à dix ans de travaux publics, ou, s'ils sont officiers, de la destitution avec emprisonnement de deux ans à cinq ans.

Art. 218. Est puni de mort, avec dégradation militaire, tout militaire qui refuse d'obéir lorsqu'il est commandé pour marcher contre l'ennemi, ou pour tout autre service ordonné par son chef en présence de l'ennemi, ou de rebelles armés.

Si, hors le cas prévu par le paragraphe précédent, la désobéissance a eu lieu sur un territoire en état de guerre ou de siége, la peine est de cinq à dix ans de travaux publics, ou, si le coupable est officier, de la destitution, avec emprisonnement de deux ans à cinq ans.

Dans tous les autres cas, la peine est celle de l'emprisonnement d'un an à deux ans, ou, si le coupable est officier, celle de la destitution.

Art. 219. Tout militaire qui viole ou force une consigne est puni :

1° De la peine de la détention, si la consigne a été violée ou forcée en présence de l'ennemi ou de rebelles armés ;

2° De deux ans à dix ans de travaux publics, ou, si le coupable est officier, de la destitution avec emprisonnement de un an à cinq ans, quand, hors le cas prévu par le paragraphe précédent, le fait a eu lieu sur un territoire en état de guerre ou de siége ;

3° D'un emprisonnement de deux mois à trois ans, dans tous les autres cas.

Art. 220. Est puni de mort, tout militaire coupable de violence à main armée envers une sentinelle ou vedette.

Si les violences n'ont pas eu lieu à main armée et ont été commises par un militaire assisté d'une ou plusieurs personnes, la peine est de cinq ans à dix ans de travaux publics. Si, parmi les coupables, il se trouve un officier, il est puni de la destitution, avec emprisonnement de deux ans à cinq ans.

La peine est réduite à un emprisonnement d'un an à cinq ans, si les violences ont été commises par un militaire seul et sans armes.

Est puni de six jours à un an d'emprisonnement, tout militaire qui insulte une sentinelle par paroles, gestes ou menaces.

Art. 221. Est punie de mort, avec dégradation militaire, toute voie de fait commise avec préméditation ou guet-apens par un militaire envers son supérieur.

Art. 222. Est punie de mort, toute voie de fait commise sous les armes par un militaire envers son supérieur.

Art. 223. Les voies de fait exercées, pendant le service ou à l'occasion du service, par un militaire envers son supérieur, sont punies de mort.

Si les voies de fait n'ont pas eu lieu pendant le service ou à l'occasion du service, le coupable est puni de la destitution, avec emprisonnement de deux à cinq ans s'il est officier, et de cinq ans à dix ans de travaux publics s'il est sous-officier, caporal, brigadier ou soldat.

Art. 224. Tout militaire qui, pendant le service ou à l'occasion du service, outrage son supérieur par paroles, gestes ou menaces, est puni de la destitution, avec emprisonnement d'un an à cinq ans si ce militaire est officier, et de cinq ans à dix ans de travaux publics s'il est sous-officier, caporal, brigadier, ou soldat.

Si les outrages n'ont pas eu lieu pendant le service ou à l'occassion du service, la peine est d'un an à cinq ans d'emprisonnement.

Art. 225. Tout militaire coupable de rébellion envers la force armée et les agents de l'autorité, est puni de deux mois à six mois d'emprisonnement, et de six mois à deux ans de la même peine si la rébellion a eu lieu avec armes.

Si la rébellion a été commise par plus de deux militaires, sans armes, les coupables sont punis de deux ans à cinq ans d'emprisonnement, et de la réclusion si la rébellion a eu lieu avec armes.

Toute rébellion commise par des militaires armés, au nombre de huit au moins, est punie conformément aux paragraphes 3 et 5 de l'article 247 du présent Code.

Le maximum de la peine est toujours infligé aux instigateurs ou chefs de rébellion et au militaire le plus élevé en grade.

CHAPITRE IV. — *Abus d'autorité.*

Art. 226. Est puni de mort, tout chef militaire qui, sans provocation, ordre ou autorisation, dirige ou fait diriger une attaque à main armée contre des troupes ou des sujets quelconques d'une puissance alliée ou neutre.

Est puni de la destitution, tout chef militaire qui, sans provocation, ordre ou autorisation, commet un acte d'hostilité quelconque sur un territoire allié ou neutre.

Art. 227. Est puni de mort, tout chef militaire qui prolonge les hostilités après avoir reçu l'avis officiel de la paix, d'une trève ou d'un armistice.

Art. 228. Est puni de mort, tout militaire qui prend un commandement sans ordre ou motif légitime, ou qui le retient contre l'ordre de ses chefs.

Art. 229. Est puni d'un emprisonnement de deux mois à cinq ans, tout militaire qui frappe son inférieur hors les cas de légitime défense de soi-même ou d'autrui, ou de ralliement des fuyards, ou de la nécessité d'arrêter le pillage ou la dévastation.

CHAPITRE V. — *Insoumission et désertion.*

SECTION PREMIÈRE. — *Insoumission.*

Art. 230. Est considéré comme insoumis, et puni d'un emprisonnement de six jours à un an, tout jeune soldat appelé par la loi, tout engagé volontaire ou tout remplaçant qui, hors les cas de force majeure, n'est pas rendu à sa destination dans le mois qui suit le jour fixé par son ordre de route.

En temps de guerre, la peine est d'un mois à deux ans d'emprisonnement.

SECTION II. — *Désertion à l'intérieur.*

Art. 231. Est considéré comme déserteur à l'intérieur :

1° Six jours après celui de l'absence constatée, tout sous-officier, caporal, brigadier ou soldat qui s'absente de son corps ou détachement sans autorisation. Néanmoins, si le soldat n'a pas six mois de service, il ne peut être considéré comme déserteur qu'après un mois d'absence.

2° Tout sous-officier, caporal, brigadier ou soldat voyageant isolément d'un corps à un autre, ou dont le congé ou la permission est expiré, et qui, dans les quinze jours qui suivent celui qui a été fixé pour son retour ou son arrivée au corps, ne s'y est pas présenté.

Art. 232. Tout sous-officier, caporal, brigadier ou soldat, coupable de désertion à l'intérieur en temps de paix, est puni de deux ans à cinq ans d'emprisonnement, et de deux à cinq ans de travaux publics si la désertion a eu lieu en temps de guerre, ou d'un territoire en état de guerre ou de siége.

La peine ne peut être moindre de trois ans d'emprisonnement ou de travaux publics, suivant les cas, dans les circonstances suivantes :

1° Si le coupable a emporte une de ses armes, un objet d'équipement ou d'habillement, ou s'il a emmené son cheval ;

2° S'il a déserté étant de service, sauf les cas prévus par les articles 211 et 213 du présent Code;

3° S'il a déserté antérieurement.

Art. 233. Est puni de six mois à un an d'emprisonnement tout officier absent de son corps ou de son poste sans autorisation, depuis plus de six jours, ou qui ne s'y présente pas quinze jours après l'expiration de son congé ou de sa permission, sans préjudice de l'application, s'il y a lieu, des dispositions de l'article 1er de la loi du 19 mai 1834 sur l'état des officiers.

Tout officier qui abandonne son corps ou son poste sur un territoire en état de guerre ou de siége, est déclaré déserteur après les délais déterminés par le paragraphe précédent, et puni de la destitution avec emprisonnement de deux à cinq ans.

Art. 234. En temps de guerre, les délais fixés par les articles 231 et 233 précédents sont réduits de moitié.

SECTION III. — *Désertion à l'étranger.*

Art. 235. Est déclaré déserteur à l'étranger, trois jours après celui de l'absence constatée, tout militaire qui franchit sans autorisation les limites du territoire français, ou qui, hors de France, abandonne le corps auquel il appartient.

Art. 236. Tout sous-officier, caporal, brigadier ou soldat, coupable de désertion à l'étranger, est puni de deux ans à cinq ans de travaux publics, si la désertion a eu lieu en temps de paix.

Il est puni de cinq ans à dix ans de la même peine, si la désertion a eu lieu en temps de guerre, ou d'un territoire en état de guerre ou de siége.

La peine ne peut être moindre de trois ans de travaux publics dans le cas prévu par le paragraphe 1er, et de sept ans dans le cas du paragraphe 2, dans les circonstances suivantes :

1° Si le coupable a emporté une de ses armes, un objet d'habillement ou d'équipement, ou s'il a emmené son cheval;

2° S'il a déserté étant de service, sauf les cas prévus par les articles 211 et 213 ;

3° S'il a déserté antérieurement,

Art. 237. Tout officier coupable de désertion à l'étranger est puni de la destitution, avec emprisonnement d'un an à cinq ans, si la désertion a eu lieu en temps de paix, et de la détention, si la désertion a eu lieu en temps de guerre, ou d'un territoire en état de guerre ou de siége.

SECTION IV. — *Désertion à l'ennemi ou en présence de l'ennemi.*

Art. 238. Est puni de mort, avec dégradation militaire, tout militaire coupable de désertion à l'ennemi.

Art. 239. Est puni de la détention tout déserteur en présence de l'ennemi.

SECTION V. — *Dispositions communes aux sections précédentes.*

Art. 240. Est réputée désertion avec complot, toute désertion effectuée de concert par plus de deux militaires.

Art. 241. Est puni de mort:

1° Le coupable de désertion avec complot en présence de 'ennemi ;

2° Le chef du complot de désertion à l'étranger.

Le chef de complot de désertion à l'intérieur est puni de cinq ans à dix ans de travaux publics s'il est sous-officier, caporal, brigadier ou soldat, et de la détention s'il est officier.

Dans tous les autres cas, le coupable de désertion avec complot est puni du maximum de la peine portée par les dispositions des sections précédentes, suivant la nature et les circonstances du crime ou du délit.

Art. 242. Tout militaire qui provoque ou favorise la désertion est puni de la peine encourue par le déserteur selon les distinctions établies au présent chapitre.

Tout individu ou militaire ou non assimilé aux militaires qui, sans être embaucheur pour l'ennemi ou pour les rebelles, provoque ou favorise la désertion, est puni par le tribunal compétent d'un emprisonnement de deux mois à cinq ans.

Art. 243. Si un militaire reconnu coupable de désertion

condamné par le même jugement pour un fait entraînant une peine plus grave, cette peine ne peut être réduite par l'admission de circonstances atténuantes.

CHAPITRE VI. — *Vente, détournement, mise en gage et recel des effets militaires.*

Art. 244. Est puni d'un an à cinq ans d'emprisonnement, tout militaire qui vend son cheval, ses effets d'armement, d'équipement ou d'habillement, des munitions, ou tout autre objet à lui confié pour le service.

Est puni de la même peine tout militaire qui sciemment achète ou recèle lesdits effets.

La peine est de six mois à un an d'emprisonnement, s'il s'agit d'effets de petit équipement.

Art. 245. Est puni de six mois à deux ans d'emprisonnement tout militaire :

1° Qui dissipe ou détourne les armes, munitions, effets et autres objets à lui remis pour le service ;

2° Qui, acquitté du fait de désertion, ne représente pas le cheval qu'il aurait emmené, ou les armes ou effets qu'il aurait emportés.

Art. 246. Est puni de six mois à un an d'emprisonnement tout militaire qui met en gage tout ou partie de ses effets d'armement, de grand équipement, d'habillement ou tout autre objet à lui confié pour le servic.

La peine est de deux mois à six mois d'emprisonnement s'il s'agit d'effets de petit équipement.

Art. 247. Tout individu qui achète, recèle ou reçoit en gage des armes, munitions, effets d'habillement, de grand ou petit équipement, ou tout autre objet militaire, dans des cas autres que ceux où les règlements autorisent leur mise en vente, est puni par le tribunal compétent de la même peine que l'auteur du délit.

CHAPITRE VII. — *Vol.*

Art. 248. Le vol des armes et de munitions appartenant à l'État, celui de l'argent de l'ordinaire, de la solde, des deniers ou effets quelconques appartenant à des militaires ou à l'État, commis par des militaires qui en sont comptables, est puni des travaux forcés à temps.

Si le coupable n'en est pas comptable, la peine est celle de la reclusion.

S'il existe des circonstances atténuantes, la peine est celle de la reclusion ou d'un emprisonnement de trois ans à cinq ans, dans le cas du premier paragraphe, et celle d'un emprisonnement d'un an à cinq ans, dans le cas du deuxième paragraphe.

En cas de condamnation à l'emprisonnement, l'officier coupable est, en outre, puni de la destitution.

Est puni de la peine de la reclusion et, en cas de circonstances atténuantes, d'un emprisonnement d'un an à cinq ans, tout militaire qui commet un vol au préjudice de l'habitant chez lequel il est logé.

Les dispositions du Code pénal ordinaire sont applicables aux vols prévus par les paragraphes précédents, toutes les fois qu'en raison des circonstances, les peines qui y sont portées sont plus fortes que les peines prescrites par le présent Code.

Art. 249. Est puni de la reclusion tout militaire qui dépouille un blessé.

Le coupable est puni de mort si, pour dépouiller le blessé, il lui a fait de nouvelles blessures.

CHAPITRE VIII. — *Pillage, destruction, dévastation d'édifices*

Art. 250. Est puni de mort, avec dégradation militaire, tout pillage ou dégât de denrées, marchandises ou effets commis par des militaires en bande, soit avec armes ou à force ouverte, soit avec bris de portes et clôtures extérieures, soit avec violence envers les personnes.

Le pillage en bande est puni de la reclusion dans tous les autres cas.

Néanmoins si, dans les cas prévus par le premier paragraphe il existe parmi les coupables un ou plusieurs instigateurs, un ou plusieurs militaires pourvus de grades, la peine de mort n'est infligée qu'aux instigateurs et aux militaires les plus élevés en grade. Les autres coupables sont punis de la peine de travaux forcés à temps.

S'il existe des circonstances atténuantes, la peine de mort est réduite à celle des travaux forcés à temps; la peine des travaux forcés à temps à celle de la reclusion, et la peine de la reclusion à celle d'un emprisonnement d'un an à cinq ans.

En cas de condamnation à l'emprisonnement, l'officier coupable est, en outre, puni de la destitution.

Art. 251. Est puni de mort, avec dégradation militaire, tout militaire qui, volontairement, incendie, par un moyen quelconque, ou détruit par l'explosion d'une mine, des édifices, bâtiments, ouvrages militaires, des magasins, chantiers, vaisseaux, navires ou bateaux à l'usage de l'armée.

S'il existe des circonstances atténuantes, la peine est celle des travaux forcés à temps.

Art. 252. Est puni des travaux forcés à temps tout militaire qui, volontairement, détruit ou dévaste, par d'autres moyens que l'incendie ou l'explosion d'une mine, des édifices, bâti-

ments, ouvrages militaires, magasins, chantiers, vaisseaux, navires ou bateaux à l'usage de l'armée.

S'il existe des circonstances atténuantes, la peine est celle
de la reclusion, ou même de deux ans à cinq ans d'emprisonnement, et, en outre, de la destitution, si le coupable est officier.

Art. 253. Est puni de mort, avec dégradation militaire, tout
militaire qui, dans un but coupable, détruit ou fait détruire,
en présence de l'ennemi, des moyens de défense, tout ou partie
d'un matériel de guerre, des approvisionnements en armes,
vivres, munitions, effets de campement, d'équipement ou d'habillement.

La peine est celle de la détention si le crime n'a pas eu lieu
en présence de l'ennemi.

Art. 254. Est puni de deux ans à cinq ans de travaux publics
tout militaire qui, volontairement, détruit ou brise des armes,
des effets de campement, de casernement, d'équipement ou
d'habillement appartenant à l'État, soit que ces objets lui eus-
sent été confiés pour le service, soit qu'ils fussent à l'usage
d'autres militaires; ou qui estropie ou tue un cheval, ou une
bête de trait ou de somme employée au service de l'armée.

Si le coupable est officier, la peine est celle de la destitution
ou d'un emprisonnement de deux à cinq ans.

S'il existe des circonstances atténuantes, la peine est réduite
à un emprisonnement de deux mois à cinq ans.

Art. 255. Est puni de la reclusion tout militaire qui, volontairement, détruit, brûle ou lacère des registres, minutes ou
factes originaux de l'autorité militaire.

S'il existe des circonstances atténuantes, la peine est celle
d'un emprisonnement de deux ans à cinq ans, et, en outre, de
la destitution, si le coupable est officier.

Art. 256. Tout militaire coupable de meurtre sur l'habitant
chez lequel il reçoit le logement, sur sa femme ou sur ses enfants, est puni de mort.

CHAPITRE IX. — *Faux en matière d'administration militaire.*

Art. 257. Est puni des travaux forcés à temps, tout militaire,
tout administrateur ou comptable militaire qui porte sciemment
sur les rôles, les états de situation ou de revue, un nombre
d'hommes, de chevaux ou de journées de présence au delà de
l'effectif réel, qui exagère le montant des consommations, ou
commet tout autre faux dans ses comptes.

S'il existe des circonstances atténuantes, la peine est la reclusion ou un emprisonnement de deux à cinq ans.

En cas de condamnation, l'officier coupable est, en outre,
puni de la destitution.

Art. 258. Est puni d'un an à cinq ans d'emprisonnement, tout militaire, tout administrateur ou comptable militaire qui fait sciemment usage, dans son service, de faux poids ou de fausses mesures.

Art. 259. Est puni de la reclusion, tout militaire, tout administrateur ou comptable militaire qui contrefait ou tente de contrefaire les sceaux, timbres ou marques militaires destinés à être apposés soit sur les actes ou pièces authentiques relatifs au service militaire, soit sur des effets ou objets quelconques appartenant à l'armée, ou qui en fait sciemment usage.

Art. 260. Est puni de la dégradation militaire, tout militaire, tout administrateur ou comptable militaire qui, s'étant procuré les vrais sceaux, timbres ou marques ayant l'une des destinations indiquées à l'article précédent, en fait ou tente de faire une application frauduleuse ou un usage préjudiciable aux intérêts de l'Etat ou des militaires.

CHAPITRE X. — *Corruption, prévarication et infidélité dans le service et dans l'administration militaire.*

Art. 261. Est puni de la dégradation militaire, tout militaire, tout administrateur ou comptable militaire coupable de l'un des crimes de corruption ou de contrainte prévus par les art. 177 et 179 du Code pénal ordinaire.

Dans le cas où la corruption ou la contrainte aurait pour objet un fait criminel emportant une peine plus forte que la dégradation militaire, cette peine plus forte est appliquée au coupable.

S'il existe des circonstances atténuantes, le coupable est puni de trois mois à deux ans d'emprisonnement.

Toutefois, si la tentative de contrainte ou de corruption n'a eu aucun effet, la peine est de trois à six mois d'emprisonnement.

Art. 262. Est puni d'un an à quatre ans d'emprisonnement, tout médecin militaire qui, dans l'exercice de ses fonctions, et pour favoriser quelqu'un, certifie faussement ou dissimule l'existence de maladies ou infirmités. Il peut, en outre, être puni de la destitution.

S'il a été mû par des dons ou promesses, il est puni de la dégradation militaire. Les corrupteurs sont, en ce cas, punis de la même peine.

Art. 263. Est puni des travaux forcés à temps, tout militaire, tout administrateur ou comptable militaire qui s'est rendu coupable des crimes ou délits prévus par les art. 169, 170, 174 et 175 du Code pénal ordinaire, relatifs à des soustractions commises par les dépositaires publics.

S'il existe des circonstances atténuantes, la peine est celle de la reclusion ou de deux ans à cinq ans d'emprisonnement, et,

dans ce dernier cas, de la destitution, si le coupable est officier.

Art. 264. Tout militaire, administrateur ou comptable militaire qui, hors les cas prévus par l'article précédent, trafique,
à son profit, des fonds ou des deniers appartenant à l'Etat ou
à des militaires, est puni d'un emprisonnement de un à cinq ans.

Art. 265. Est puni de la reclusion, tout militaire, tout administrateur ou comptable militaire qui falsifie ou fait falsifier des
substances, matières, denrées ou liquides confiés à sa garde ou
placés sous sa surveillance, ou qui, sciemment, distribue ou
fait distribuer lesdites substances, matières, denrées ou liquides
falsifiés.

La peine de la reclusion est également prononcée contre tout
militaire, tout administrateur ou comptable militaire qui, dans
un but coupable, distribue ou fait distribuer des viandes pro-
venant d'animaux atteints de maladies contagieuses, ou des
matières, substances, denrées ou liquides corrompus ou gâtés.

S'il existe des circonstances atténuantes, la peine de la reclusion est réduite à celle de l'emprisonnement d'un à cinq ans,
avec destitution, si le coupable est officier.

CHAPITRE XI. — *Usurpation d'uniformes, costumes, insignes,
decorations et médailles.*

Art. 266. Est puni d'un emprisonnement de deux mois à deux
ans, tout militaire qui porte publiquement des décorations, médailles, insignes, uniformes ou costumes français sans en avoir
le droit.

La même peine est prononcée contre tout militaire qui porte
des décorations, médailles ou insignes étrangers sans y avoir
été préalablement autorisé.

TITRE III.

DISPOSITIONS GÉNÉRALES.

Art. 267. Les tribunaux militaires appliquent les peines portées par les lois pénales ordinaires à tous les crimes ou délits
non prévus par le présent Code, et, dans ce cas, s'il existe des
circonstances atténuantes, il est fait application aux militaires
de l'article 463 du Code pénal.

Art. 268. Dans les cas prévus par les articles 251, 252, 253,
254 et 255 du présent Code, les complices, même non militaires, sont punis de la même peine que les auteurs du crime ou
du délit, sauf l'application, s'il y a lieu, de l'article 197 du
présent Code.

Art. 269. Aux armées, dans les divisions territoriales en état

de guerre, dans les communes, les départements et les places
de guerre en état de siége, tout justiciable des tribunaux militaires, coupable ou complice d'un des crimes prévus par le
chapitre Ier du titre II du présent livre, est puni de la peine
qui y est portée.

Art. 270. Les peines prononcées par les articles 41, 43 et 44,
de la loi du 21 mars 1832, sur le recrutement de l'armée, sont
applicables aux tentatives des délits prévus par ces articles,
quelle que soit la juridiction appelée à en connaître.

Dans le cas prévu par l'article 45 de la même loi, ceux qui
ont fait les dons et promesses sont punis des peines portées par
ledit article contre les médecins, chirurgiens ou officiers de
santé.

Art. 271. Sont laissées à la répression de l'autorité militaire,
et punies d'un emprisonnement dont la durée ne peut excéder
deux mois :

1° Les contraventions de police commises par les militaires ;
2° Les infractions aux règlements relatifs à la discipline.

Toutefois, l'autorité militaire peut toujours, suivant la gravité
des faits, déférer le jugement des contraventions de police au
conseil de guerre, qui applique la peine déterminée par le présent article.

Art. 272. Si dans le cas prévu par l'article précédent, il y a
une partie plaignante, l'action en dommages-intérêts est portée
devant la juridiction civile.

Art. 273. Ne sont pas soumises à la juridiction des conseils
de guerre les infractions commises par des militaires aux lois
sur la chasse, la pêche, les douanes, les contributions indirec-
tes, les octrois, les forêts et la grande voirie.

Art. 274. Le régime et la police des compagnies de discipline, des établissements pénitentiaires, des ateliers de travaux
publics, des lieux de détention militaire, sont réglés par des
décrets impériaux.

Art. 275. Sont abrogées, en ce qui concerne l'armée de terre,
toutes les dispositions législatives et réglementaires relatives à
l'organisation, à la compétence et à la procédure des tribunaux
militaires, ainsi qu'à la pénalité en matière de crimes et de
délits militaires.

DISPOSITIONS TRANSITOIRES.

Art. 276. Lorsque les peines déterminées par le présent Code
sont moins rigoureuses que celles portées par les lois antérieu-

res, elles sont appliquées aux crimes et délits encore non jugés au moment de sa promulgation.

Art. 277. Jusqu'à la promulgation d'un nouveau Code de justice maritime, les conseils de guerre maritimes permanents appliqueront les peines prononcées par le livre IV du présent Code, dans les cas qui y sont prévus.

TABLE DES MATIÈRES.

LIVRE PREMIER.

De l'organisation des tribunaux militaires.

(Art. 1er à 52.)

LIVRE II.

De la compétence des tribunaux militaires.

(Art. 53 à 82.)

LIVRE III.

De la procédure devant les tribunaux militaires.

(ART. 83 à 183.)

LIVRE IV.

Des crimes, des délits et des peines.

(Art. 184 à 275.)

FIN DE LA TABLE.

LIBRAIRIE MILITAIRE A. LENEVEU.
RUE DES GRANDS-AUGUSTINS, 18, PRÈS LE PONT-NEUF.

NOUVELLE

BIBLIOTHÈQUE MILITAIRE

D'ÉLITE.

Maximes, Conseils et Instructions
SUR L'ART DE LA GUERRE
ou

Aide-mémoire pour la pratique de la guerre, à l'usage des militaires de toutes armes et de tous pays, d'après un manuscrit rédigé en 1815, par un général d'alors, et, revu, en 1855, pour être mis en harmonie avec les connaissances et l'organisation du jour.

Quatrième édition. 1 vol. format de poche, avec 15 planches, 1857. — 3 fr.

LL. EE. les Maréchaux de France BARAGUEY-D'HILLIERS, DE CASTELLANE, MAGNAN, PÉLISSIER, DUC DE MALAKOFF, RANDON, CANROBERT, BOSQUET m'ont honoré de lettres de chaleureuses félicitations.

« *Ce livre figurera dignement dans une bibliothè-*
» *que militaire; je suis heureux de pouvoir en don-*
» *ner l'assurance.*

» *Le Maréchal commandant en chef l'armée de Paris.*   *Signé:* MAGNAN. »

TABLE DES MATIÈRES. — Principes généraux. — Avant le départ. — Marches loin de l'ennemi. — Marches près de l'ennemi. — Guides. — Eclaireurs et flanqueurs. — Détachements placés sur les flancs d'une colonne. — Arrière-garde. — Bivouacs. — Avant-

postes.—Grand'gardes.—Etablissement des grand'-
gardes.—Emplacement de nuit. — Sentinelles et ve-
dettes.—Des rondes.—Des patrouilles.—Des décou-
vertes. — Reconnaissances offensives. — Des espions.
— Des indices. — Parlementaires. — Des détachements. — Des partisans. — Des fourrages. — Des
convois. — De l'offensive. — De la défensive. — Manœuvres. — Evolutions. — Batailles. — Ordres de
bataille. — Combats. — Emploi de l'infanterie. —
Emploi de la cavalerie. — Règles particulières pour
le combat de cavalerie. — Contre-cavalerie en ligne
ou en colonne. — Cavalerie contre infanterie. —
Cavalerie contre artillerie. — Emploi de l'artillerie.
— Armes de main. — Des corps de réserve. — Des
retraites. — Des subsistances. — Table des officiers
en campagne. — Des bagages. — Du droit des gens
et des usages de la guerre. — Guerillas ou guerre de
partisans.

Environ cent sommités militaires, généraux des
plus distingués par leur savoir et leur expérience,
ont apprécié le livre ainsi :

ÉCOLE IMPÉRIALE SPÉCIALE MILITAIRE.
(Cabinet du Général Commandant.)
Saint-Cyr, 10 avril 1856.

Monsieur Leneveu,

J'ai lu avec le plus vif intérêt le recueil des
*Maximes, Conseils et Instructions sur l'art de la
guerre*, répertoire universel des connaissances militaires, et que je considère comme le meilleur guide
pratique pour les officiers de tous grades. Je regrette
que les règlements de l'Ecole ne me permettent pas
de le mettre entre les mains des élèves.

Recevez, etc.

Signé : Le général comte de MONET,

Commandant l'école impériale spéciale militaire
de Saint-Cyr.

« Lunéville, le 2 décembre 1855.

» *A Monsieur Leneveu,*

» J'ai reçu les *Maximes, Conseils et Instructions*
» *sur l'art de la guerre ;* c'est, à mon avis, un ex-
» cellent ouvrage, et le meilleur résumé que je con-
» naisse ; je l'ai lu et relu et toujours en m'instrui-
» sant et en le trouvant meilleur.

» Je l'ai recommandé à ma division par un ordre
» du jour qui fait connaître les hauts suffrages qui
» l'ont jugé et approuvé.

» *Signé :* le général de division comte DE GOYON,
» *Aide de camp de l'empereur.* »

Eupatoria, le 11 janvier 1856.

« *Monsieur Leneveu,*

» Le général de Failly me charge de vous remer-
» cier de l'envoi direct et personnel que vous lui avez
» fait des *Maximes, Conseils et Instructions sur l'art*
» *de la guerre.*

» Le général me charge de vous dire qu'il a lu ce
» manuel avec beaucoup d'intérêt, qu'il le considère
» comme un ouvrage classique et des plus utiles ; il
» pense qu'il devrait être dans la main de tous comme
» une théorie, et ne coûter, comme ce dernier livre,
» au maximum un franc.

» *Signé :* l'officier d'ordonnance du général
DE FAILLY. »

Armée de Lyon, division de cavalerie.

« *Monsieur Leneveu,*

» J'ai lu avec le plus grand intérêt les *Maximes ;*
» elles contiennent des instructions, non-seulement
» utiles, mais indispensables ; c'est le meilleur ou-
» vrage qui ait paru ; j'en ai fait prendre connaissance
» aux officiers de la division que j'ai l'honneur de
» commander, et je ne doute pas que lorsque MM.
» les officiers et sous-officiers, etc., en connaîtront le
» contenu et l'auront apprécié, MM. les chefs de

» corps ne s'empressent de vous faire des commandes
» considérables.

 » *Signé :* le général de division PARTOUNEAUX »
Quartier-général de l'armée anglaise, en Crimée.

 Monsieur Leneveu,
 » Je suis chargé, par le général Scarlet, de vous
» prier de lui envoyer à Scutari, où se préparent nos
» quartiers d'hiver, 200 exemplaires des *Maximes,*
» *Conseils et Instructions sur l'art de la guerre* pour
» les officiers sous ses ordres.

 » *Signé ;* JAMES CONOLLY, *chef d'état-major.* »
  En Crimée, au camp, le 20 mai 1855.

 « *Monsieur Leneveu,*
 » *Je vous prie d'envoyer le plus tôt possible à l'a-*
» *dresse des régiments suivants,* 300 *exemplaires*
des Maximes, Conseils et Instructions sur l'art de la
guerre, *à raison de* 50 *exemplaires par régiment,*
pour les 1er *et* 4e *hussards,* 1er *et* 4e *chasseurs*
d'Afrique, 6e *et* 7e *dragons.*

 » *Le général de division, Commandant la ca-*
  valerie en Crimée, *Signé :* MORRIS. »

 Il parait qu'en présence du danger, on sent vite ce
qui est utile, car plus de 4,000 exemplaires ont été
demandés de la Crimée.

L'ÉDITEUR A L'ARMÉE.

 Malgré la bravoure et l'intelligence des jeunes officiers français, il est bon de leur retracer les leçons
de l'expérience : il est des principes et des préceptes
qu'il faut toujours avoir présents. Le livre intitulé :
Maximes et Conseils est surtout concis, et c'est son
principal mérite : il indique seulement ce qu'on peut
ou doit toujours faire, au lieu de s'étendre sur beaucoup de théories d'une exécution difficile, et dont le

résultat n'est pas toujours en raison des risques qu'on y court. La science du commandement est un don inné du ciel; c'est le génie qui inspire les grands généraux; de là leur rareté: au contraire, pour faire un bon militaire en sous-ordre, il ne faut que de l'instruction et de l'expérience; en conséquence, ceux qui ont étudié et pratiqué l'art militaire peuvent seuls y introduire les jeunes gens; des livres faits par des hommes plus savants que militaires donnent souvent de fausses idées.

Puisse la jeunesse militaire française, à laquelle est destiné cet opuscule, le lire sans ennui, et attacher, à ce legs d'un vieux soldat, le prix que l'on met dans une famille à une ancienne épée de bataille.

Le plus bel éloge que l'on puisse faire de l'ouvrage, c'est que la *première édition*, tirée à 5,000 exemplaires, a été vendue en deux mois, du 5 mai au 5 juillet. C'est le véritable livre de guerre, on en sent la nécessité lorsqu'on se bat; il a été absorbé par l'armée de Crimée.

S. A. R. le duc de Cambridge, commandant en chef l'armée anglaise, en a demandé trois mille exemplaires pour son armée.

En anglais, prix 3 sch.

Son Excellence Mehmed Ruchdi-Pacha, ministre de la guerre de la Sublime-Porte, m'en a demandé mille exemplaires en turc.

Extrait du Compte-Rendu du Spectateur militaire, *du 15 septembre 1855.*

Un bon livre est une chose si rare, que lorsqu'on le trouve, on doit se hâter d'en faire part à ses amis. C'est ce que nous nous empressons de faire aujourd'hui, en signalant à l'attention de l'armée un volume, format de poche, véritable livre d'or, qui a le grand mérite de convenir aux militaires de tous grades ; le jeune officier y trouvera de bons conseils et le général d'excellents préceptes.

Nous regrettons infiniment que notre cadre ne nous permette pas d'en donner des citations ; l'ouvrage est tellement parfait dans son petit volume, qu'il eût fallu tout reproduire. Ce résumé est appelé à un succès remarquable, parce que l'auteur a su grouper, dans un volume format portefeuille, tout ce qu'on peut dire de sérieux et de vrai, depuis ce qui concerne la pose d'une vedette jusqu'à l'emploi des différentes armes sur le terrain.

Les *Maximes* s'adressent à tous, au plus simple officier comme au général. Ce n'est pas de la science, c'est plutôt de la logique et du bon sens. Les préceptes de ce livre sont nets et concis ; il écarte le vague et les généralités qui sont le défaut de presque tous les traités analogues. Un cachet particulier qui le distingue est qu'il indique catégoriquement ce qu'il faut éviter, et c'est un point essentiel, car si on sait bien ce dont il importe de s'abstenir, on trouvera facilement ce qu'il y a à faire. Toutefois, il ne procède pas uniquement par voie d'exclusion et pour une foule de circonstances, il trace positivement la conduite à tenir. Résumant les leçons de tous les maîtres, indiquant ce qui a été reconnu bon ou mauvais, soit par le raisonnement, soit par la pratique, il met de suite celui qui l'a lu avec fruit en état de se tirer d'affaire en toute occasion, pourvu qu'il ait un jugement sain et qu'il sache distinguer l'analogie du cas où il se trouve avec ceux qu'il a étudiés.

Nous sommes heureux d'être un des premiers à signaler ce livre à l'attention de nos lecteurs, et nous sommes persuadé que malgré tout ce que nous avons pu dire de flatteur, nous sommes resté fort au-dessous des éloges qu'il mérite ; nous n'hésitons pas à le proclamer l'un des meilleurs.

célèbre que nous publions. Qu'on n'aille pas dire
que ses succès furent l'effet du hasard et de la for-
tune ; il ne les dut qu'à ses hautes conceptions, tous
jours basées sur les vrais principes. Il n'est certes pas
donné à tout le monde d'égaler les grands généraux ;
mais en etudiant avec soin les méthodes et les moyens
qu'ils employaient, et profitant de leur expérience,
on peut conquérir au-dessous d'eux un rang hono-
rable en même temps qu'on se rend capable de mieux
servir son pays. S'il est des règles que peuvent mo-
difier les lieux, les armes, la nature des hommes et
des choses, il en est d'autres qui sont immuables; ce
sont particulièrement ces dernières qu'enseignait le
maréchal Bugeaud.

Voici un court extrait de l'ouvrage du duc d'Isly.

Quand on essaie de poser un principe sur la guerre,
aussitôt un grand nombre d'officiers, croyant résou-
dre la question, s'écrient :

« Tout dépend des circonstances ; comme vient le
vent, il faut mettre la voile. »

Ces observations trop habituelles doivent nous
faire penser que ces militaires jugent impossible, et
peut-être même dangereux, de poser des principes.
Essayons de détruire cette erreur, etc., etc.

MARÉCHAL BUGEAUD, Duc D'ISLY.

HISTOIRE et TACTIQUE DE LA CAVALERIE, par
L. E. NOLAN, capitaine du 15ᵉ hussards de l'armée
royale anglaise, traduit de l'anglais, avec notes,
par BONNEAU DU MARTRAY, chef d'escadron d'état-
major, aide-de-camp du général Korte, chevalier de la Légion-d'Honneur, décoré du Nichan de
Tunis, chevalier des ordres de la Couronne-de-

Chêne, de Saint-Maurice et Saint-Lazare, de Saint-Georges de la Réunion. 1 vol. in-8°, 1854, avec planches. Prix : 7 fr. 50 c.

APERÇUS
SUR QUELQUES DETAILS DE LA GUERRE,
AVEC DES PLANCHES EXPLICATIVES,

PAR

M. le Maréchal BUGEAUD, duc d'Isly,

TROISIÈME ÉDITION,

Les précédentes imprimées par ordre et aux frais de son S. A. R. le Duc d'Orléans.

Un vol. in-18, avec Planches; 2 francs.

DE L'ENLÈVEMENT des corps détachés. — Manière d'opérer pour enlever les détachements. — D'UN NOUVEAU SYSTÈME d'avant-postes. — Du service des avant-postes pour les corps détachés et par suite pour les grandes armées. — ESSAI sur les reconnaissances. — PRINCIPE physiques et moraux du combat de l'infanterie. — Du moral dans les combats. — DE L'APPLICATION des manœuvres de l'infanterie aux combats. — De la colonne et de sa formation en ordre de bataille. — Ordre en batataille. — Marche en bataille et changement de front. — Des échelons. — Du passage du défilé en avant ou en retraite. — Feux en avançant. — Changement de direction en marchant en bataille. — Des carrés. — Du feu de chaussée.

Ces trois ouvrages sont les trois premiers volumes de la Bibliothèque militaire d'élite de poche